EPHESOS
UND
DAS HAUS DER MUTTER MARIA

İ. Akan ATİLA
ARCHÄOLOGE

Özcan ATALAY
AZETAT ILLUSTRATION

INHALT

Die Geschichte Von Ephesos	04
Plan Von Ephesus	06
Das Grab Des Lukas	07
Das Dampfbad Des Oberen Gymnasium	08
Die Basilika Stoa (Azetat)	09
Die Basilika Stoa	10
Das Odeion	11
Das Rathaus (Pyrtaneion)	12
Die Staatsagora	13
Bau Des Memmius	14
Bau Des Memmius (Azetat)	15
Das Pollio Gebaude Und Der Brunnen Des Domitian	16
Der Brunnen Des Laekanius Bassu (Azetat)	17
Der Brunnen Des Laekanius Bassu	18
Tempel Des Domitian	19
Tor Des Herakles	20
Die Kuretenstrasse	21
Der Trajansbrunnen	22
Der Trajansbrunnen (Azetat)	23
Das Skolastikia (Varius) Bad	24
Der Hadrianstempel (Azetat)	25
Der Hadrianstempel	26
Die Hanghauser	27
Das Oktagon Und Der Brunnen Des Gründers Androklos	29
Die Latrina	30
Bordell	30
Die Celsus Bibliothek (Azetat)	31
Die Celsus Bibliothek	32
Das Mazaeus Und Das Mitridates Tor	34
Die Tetragonos Agora	36
Die Tetragonos Agora (Azetat)	37
Die Nero Stoa - Die Marmorstrasse	38
Das Grosse Theater	40
Das Hellenistische Brunnenbauwerk	43
Arkadiane (Hafenstrasse)	44
Arkadiane (Azetat)	45
Das Theater Gymnasium	46
Die Marienkirche	47
Das Hafenbad	49
Der Tempel Des Serapeion	50
Das Stadion	51
Die Höhle Des Paulus	51
Die Siebenschlafer Höhle	52
Das Artemision (Azetat)	53
Das Artemision (Artemistempel)	54
Das Bad Des Isa Bey	56
Die Isa Bey Moschee	56
Die Kirche Des Heiligen Johannes	58
Die Kirche Des Heiligen Johannes (Azetat)	59
Das Museum Von Ephesos	61
Der Saal Mit Den Brunnenfundstücken	62
Saal Der Kleinen Fundstücke Und Der Erosstatuen	63
Saal Mit Grabfunden Links Vom Eingang	64
Der Grosse Innenhof	64
Saal Der Artemisia Ephesia	65
Die Artemisstatuen	65
Der Saal Des Herrscherkultes	66
Das Haus Der Mutter maria	67
Die Landkarte	72

© VERLAG & VERTRIEB
Güney Kartpostal Ve Turistik Yayıncılık
ZENTRUM: KIŞLA MAH. 47. SOKAK. KÖKEN APT. 5/3 ANTALYA
(0242) 242 99 23   (0242) 241 97 97
ZWEIGSTELLE: Uğur Mumcu Sevgi Yolu 10/A SELÇUK / İZMİR
(0232) 892 72 48
guneykartpostal@gmail.com - guneykartpostal@mynet.com

TEXT: İ. Akan ATİLA Archaologe
AZETAT ILLUSTRATION: Özcan ATALAY
GRAPHISCHER ENTWURF: Korhan KARASU
PHOTOGRAPHIE: Gani BAKIR - İ. Akan ATİLA - Necmi ÇETİN
Ceylan ÇETİNTÜRK - Ali Rıza ÇELEBİ
ÜBERSETZUNG: İNTEROFİS
DRUCKEN: OLUŞUR BASIM A.Ş
3. AUFLAGE 2009

DIE GESCHICHTE VON EPHESOS

Ephesus, das im Landkreis Selçuk der Provinz Izmir gelegen ist, war eine der berühmtesten Städte der Frühzeit und wurde an der Mündung des Kleinen Menderes (Kaystros) am Hang des Berges Pion gegründet. Die Gründung des antiken Ephesus reicht zurück bis in die neolithische Zeit ca. 6000 v.Chr (jüngere Steinzeit). Untersuchungen und Ausgrabungen der letzten Jahre haben gezeigt, dass das mykenisches Grab und die mykenischen Keramiken, die am Ayasuluk Berg gefunden wurden, ebenso auf eine mykenische Siedlung zurückgehen wie an anderen Siedlungsplätze der ägäischen Küste. In den Tumuli der Umgebung von Ephesus und auch an der Burg am Ayasuluk Berg wurden Siedlungen aus der Bronzezeit und der Hettiterzeit festgestellt. Der Name der Stadt lautete zu hettitischer Zeit Apasas. Als mit der 1200 v. Chr. einsetzenden Völkerwanderung aus Mitteleuropa die Dorer nach Süden vordringen, lassen sich die vor ihnen fliehenden Aioller und Ionier nördlich und südlich des Gediz Flusses nieder. Der Geograpf Strabon teilt mit, dass in Ephesus "vor den Kolonisten die lokale Bevölkerung, bestehend aus Kariaern und Lelegen, lebte". Der mythologischen Überlieferung zufolge gibt es folgende Prophezeiung für Androklos, den Sohn des Königs Kodros von Athen, der auszog um neue Städte zu gründen: "Der Fisch wird springen, das Schwein davonlaufen und du wirst dort eine Stadt mit leuchtender Zukunft gründen". Nachdem Androklos in Anatolien eintraf, besuchte er zahlreiche Orte und kam zuletzt hierher. Dort briet er einen Fisch in der Pfanne, wobei das Fett schlagartig in Brand geriet, der Fisch dadurch aus der Pfanne geschleudert wurde und dieser mitsamt dem brennenden Fett das trockene Gras in Brand setzte. Ein Wildschwein, das sich dort versteckt hielt, rannte davon, der Anführer der Kolonisten, Androklos, sprang auf sein Pferd und erlegte das Schwein. An eben diesem Ort erfüllt sich die Prophezeiung und Androklos gründet die ionische Stadt Ephesus. Als erster Herrscher leitet Androklos die Stadt. Nach dessen Herrschaft wird die Stadt von einer Oligarchie, Tyrannei und schließlich Demokratie geleitet. Die erste Kenntnisnahme von Ephesus stammt aus dem 7. Jhd.v.Chr. Ephesus hatte als Mitglied des ionischen Staatenbundes (Panionion) die Nachbarstädte Melie und Magnesium angegriffen um den eigenen Einfluß in der Region zu stärken. 645 v.Chr. verteidigte sich die Stadt gegen den Angriff der aus Russland kommenden Kimmerer und ihrem Anführer Lygdamis. 545 v.Chr. belagert der lydische König Krösus die Stadt und nimmt sie schließlich ein. Er gibt Ephesus Geld, damit ein Tempel im Namen der Artemis erbaut werden kann. Die Ionier, die sich am Hang des Panayir Berges niedergelassen haben, werden gezwungen, gemeinsam mit der einheimischen Bevölkerung, die um den Tempel herum lebt, zu wohnen. Als 546 v.Chr der lydische König Krösus von den Persern unterworfen wird, geht Ephesus in den Besitz des persichen Satrapen Kyros II. über. In den Anfangsjahren des ionischen Aufstandes zwischen 499-493 v.Chr., benutzen die Perser die Stadt als Stützpunkt für die Angriffe auf Sardes. 494 v.Chr. töteten die Epheser alle Khioser, die den Lade Krieg überlebten. Denn die Hafenstädte Khios und Milet, die im ionischen Krieg eine Vorreiterrolle gespielt hatten, waren im Handel die größten Konkurrenten für Ephesus. Nachdem Xerxes 479 v.Chr. in Griechenland geschlagen worden war, plünderte er auf dem Rückweg alle Tempel bis auf den Artemis Tempel von Ephesus. Ephesus hatte sich dann dem, unter der Vorherrschaft Athens gegründeteten attisch-deloischen Meeresverbund angeschlossen. 454 v.Chr. stand Ephesus unter dem Schutz

Athens, unterstützte aber im peloponnesischem Krieg (431-404 v.Chr) Sparta und nahm an dem 412 v.Chr. begonnenen Aufstand gegen Athen teil. Als Gegenleistung für einen Militärhilfe wurde Ephesus gegen die persische Bedrohung 403 v.Chr. zu einem Heeresstützpunkt des Königs Agesilaos von Sparta. 394 v.Chr. beteiligte sich Ephesus an dem Meeresbund von Konon gegen Sparta. 387 v.Chr. fiel die Stadt erneut an die Spartaner und Antalkidas gab die Stadt wieder an die Perser zurück. Darauf folgte die Diktaur von Syrohaks und seiner Familie. Als Alexander der Große die Stadt 334 v.Chr. einnahm, tötete er Syrphaks und legte den Grundstein für eine 50 Jahre dauernde Zeit des Wohlstandes. Alexander bot seine Hilfe zum Wiederaufbau des Artemistempels an der gleichen Stelle an, doch die Epheser lehnten den Vorschlag mit der Begründung "eine Gottheit kann keiner anderen einen Tempel bauen" elegant ab. Nach dem Tode von Alexander d. Großen übernahm Lysimakhos, einer seiner Gernerale, die Stadt und zog diese in den Jahren 286-281 v.Chr. in das Tal zwischen den Bergen Korossos und Pion um. Menschen aus Lebedos und Kolophon wurden hier angesiedelt und die Stadt erhielt den Namen seiner Frau Arsinae, doch wurde dieser Name nach kurzer Zeit vergessen. In hellenistischer Zeit erlebte Ephesus eine glanzvolle Zeit. Als 189 v.Chr. die Römer den syrischen König Antiochus besiegten, fiel Ephesus dem Königreich Bergama zu. Mit dem Tod des Königs Attalos III von Bergama (133 v.Chr.) fiel Ephesus seinem Testament entsprechend wieder an Rom. Später rührte der pontische König Mithradates die westanatolischen Städte gegen die Römer auf, so dass die Epheser beim Angriff auf die Römer sogar die töteten, die sich in den Artemistempel geflüchtet hatten. Sula unterdrückte den Aufstand mit Gewalt und strafte die Stadt mit einer schweren Steuer. Zur Zeit von Kaiser Augustus was Ephesus eine

der wichtigsten Städte der zu Rom gehörenden asiatischen Provinzen geworden. Die Bautätigkeiten in Ephesus, die mit den Siegesfeiern 3 v.Chr begannen und sich mit einer Reihe von öffentlichen Bauten, wie dem Bau des Aquädukt zwischen 4-14 n.Chr. fortsetzten, verwandelten die Stadt in eine der größten und wichtigsten anatolischen Städte des Römerreiches. Gleichzeitig verbreitete sich das Christentum rasch in der Stadt. 57 n.Chr. protestierten die Römer gegen die Lehren des Apostel Paulus im Theater der Stadt. Auch das Haus in dem die Mutter Maria ihre letzten Tage verbrachte und bei dem auch der Johannes der Täufer starb befand sich nahe bei Ephesus. Zur gleichen Zeit war Ephesus eine der sieben Kirchen Asiens und Johannes erhielt seine Offenbarung in dieser Stadt. 262 n.Chr. zerstörten die Goten sowohl Ephesus wie auch den Artemistempel. Danach war der Stern von Ephesus gesunken. Konstantin I. ließ ein Dampfbad errichten und Arkadius eine Strasse, die sich von großen Theater bis zum Hafen erstreckte. 432 n.Chr. versammelte sich das 3. ökumenische Konzil in der Kirche der Mutter Maria. Bei diesem Konzil wurde Nestorios verdammt und die Mutter Maria als Gottesmutter (Theotokos) anerkannt.

Zu Beginn des Mittelalters war der Hafen von Ephesus durch die Sedimentfracht des Flusses Kaystros völlig verfüllt, so dass die Stadt nunmehr weder Hafenstadt noch Handelszentrum sein konnte. 1090 wurde Ephesus von den Seldschucken erobert, stellte damals jedoch nur noch eine Kleinstadt dar. Im 14. Jhd. erlebte die Stadt eine neue und kurze glanzvolle Periode und wurde anschließend vollkommen aufgegeben. Ephesus war aber auch eine Stadt der Wissenschaft und Künste, lebten doch unter anderem so bedeutende Persönlichkeiten wie der Traumdeuter Artemidorus, die Dichter Callinos und Hipponax, der Philosoph Heraldeitos, der Maler Parrhasius und der Grammatiker Zenodotos dort.

EPHESOS PLAN

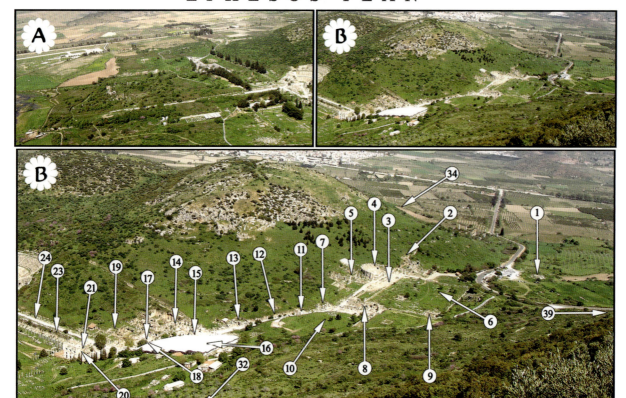

1-DAS GRAB DES LUKAS
2-DAS DAMPFBAD DES OBEREN GYMNASIUMS
3-DIE BASILIKA STOA
4-DAS ODEION
5-DAS RATHAUS
6-DIE STAATSAGORA
7-BAU DES MEMMIUS
8-DAS POLLIO GEBAUDE UND DER BRUNNEN DES DOMITIAN
9-DER BRUNNEN DES LAEKANIUS BASSU (HYDREKDOKHEION)
10-TEMPEL DES DOMITIAN
11-TOR DES HERAKLES
12-DİE KURETENSTRASSE
13-DER TRAJANSBRUNNEN
14-DAS SKOLASTIKIA (VARIUS) BAD
15-DER HADRIANSTEMPEL
16-DIE HANGHAUSER
17-DIE LATRINA
18-DAS OKTAGON UND DER BRUNNEN DES GRÜNDERS ANDROKLOS
19-BORDEL
20-DIE CELSUS BIBLIOTHEK
21-DAS MAZAEUS UND DAS MITRIDATES TOR
22-DIE TETRAGONOS AGORA
23-DIE NERO STOA
24-DIE MARMORSTRASSE

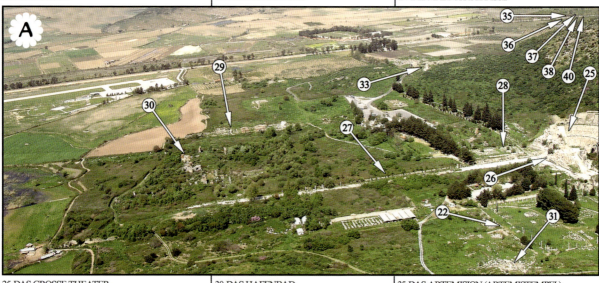

25-DAS GROSSE THEATER
26-DAS HELLENISTISCHE BRUNNENBAUWERK
27-ARKADIANE (HAFENSTRASSE)
28-DAS THEATER GYMNASIUM
29-DIE MARIENKIRCHE
30-DAS HAFENBAD
31-DER TEMPEL DES SERAPEION
32-DIE HÖHLE DES PAULUS
33-DAS STADION
34-DIE SIEBENSCHLAFER HÖHLE
35-DAS ARTEMISION (ARTEMISTEMPEL)
36-DAS BAD DES ISA BEY
37-DIE ISA BEY MOSCHEE
38-DIE KIRCHE DES HEILIGEN JOHANNES
39-DAS HAUS DER MUTTER MARIA

DAS GRAB DES LUKAS

Dieses befindet sich südlich der Strasse, östlich des Parkplatzes am oberen Tor. J.T. Wood erkannte bei seinen ersten Ausgrabungen am Gebäude ein in die Wand geschlagenes Kreuzzeichen mit einem Stier oberhalb des Stützpfeilers an der östlichen Wand. Das Stierrelief wurde als das Symbol des Bibelverfassers Lukas anerkannt und das Gebäude das "Grab des Lukas" genannt. Das Gebäude war im 2. Jhd.n.Chr. auf den Ruinen eines früheren Hauses errichtet, über dessen Funktion nichts bekannt ist. Zu römischer Zeit befanden sich im Fundament des Podiums in der Umgebung eines massiven zentralen Stützpfeilers einige Räume. Oben war das Podium mit Säulen umstanden. In der frühen Byzantinerzeit wurde das römische Gebäude in eine Kirche umgewandelt und eine Apsis angebaut. Bei Ausgrabungen der jüngsten Vergangenheit wurden noch weitere Spuren der frühen Christenzeit gefunden.

Die Kirche erhob sich über dem Podium, das zu römischer Zeit keine Säulen hatte. Betreten wird die Kirche über Stufen im Norden, Westen und Süden. Das zentrale Gebäude oben ist mit einer engen Treppe mit der darunterliegenden Kirche verbunden. Die Überreste zahlreicher Wandmalereien weisen darauf hin, dass das Gebäude reich verziert war. Der südliche Zugang zur Krypta ist auf beiden Seiten von Stützpfeilern umgeben, die von anderen Orten herbeigebracht wurden. Während über der westlichen Wand ein Kreuzmotiv zu erkennen ist, befindet sich an der östlichen Wand das Relief eines Kreuzes und eines Stiers. Bei Ausgrabungen wurden rund um das Gebäude zahlreiche Kindergräber gefunden.

DAS DAMPFBAD DES OBEREN GYMNASIUMS

Das große Dampfbad, das gleich am Eingang der Stadt noch nicht vollständig ausgegraben ist, wurde fälschlicherweise als Bad des Varius bezeichnet. Es war östlich der Agora, an den Hängen des Panayır Berges erbaut worden. Aus diesem Grunde wurden die vier großen Räume auf der Nordseite teilweise in den Stein gehauen. Das Bad war im Unterschied zu den römischen Bäder asymetrisch erbaut. Ebenso wie die anderen Bäder von Ephesus verfügt auch dieses über Frigidarium (Kaltraum), Apodyterium (Umkleide), Tepidarium (Warmbereich), Calidarium (Heissbereich), Sudatorium (Schwitzraum). Auch ist das Bad mit einem Hypokausten ausgestattet, so daß die Erhitzung über die unter dem Steinboden durchgeleitete heisse Luft erfolgte. Im westlichen Raum (Calidarium) befanden sich die sieben Nischen mit den Becken zum Waschen, während sich nach der Westseite grosse Fenster öffneten. Im Süden war eine öffentliche Toilette (Latrina) angegliedert, sowie einige kleine, gewerbsmäßig genutzte Räume. Diese wurden bei Erdbeben wiederholt zerstört und wieder aufgebaut. Auf der West- und Südseite des Bades befanden sich Räume, deren Böden mit Mosaiken verziert waren. Eine Inschrift im Bodenmosaik weist darauf hin, dass diese im 5. Jhd.n.Chr. von einem städtischen Steuereintreiber namens Asklepios finanziert worden war. Manche der Statuen (Aphrodite, Dionysos, Hygeia, Pan), die bei Ausgrabungen in diesem Badkomplex gefunden waren, sind heute im archäologischen Museum von Izmir ausgestellt.

DIE BASILIKA STOA

DIE BASILIKA STOA

Diese befindet sich südwestlich an das Odeon anschließend und nördlich der Agora. Entsprechend der Gebäudeinschrift wurde dieses im Jahr 11 n.Chr. von C. Sextillius Pollio und dessen Tochter Ofilia Bassa errichtet. Die Basilika Stoa (königliche Säulenhalle) ist 165 m lang, 2-geschossig und hat drei Schiffe. Die 67 Säulen ionischen Stils, die das mittlere Schiff darstellen, tragen Kapitelle, die Stierköpfe darstellen. Als die Säulen 12 Jahre nach ihrer Fertigstellung bei einem Erdbeben einstürzten, wurden einige neu erstellt und die Rückwand mit Marmorblöcken von neuem erbaut. Zwischen den Säulen im Inneren wurden neue Säulen im korinthischen Stil hinzugefügt und das Trägersystem verstärkt. Der westliche Teil der Stoa wurde zur Zeit von Kaiser Nero von einem Khalkidikum verkleidet. Ein von einer rustikalen Mauer umgebenes Fundament reicht 15,90 m vor die westliche Terrassenmauer der staatlichen Agora und befindet sich an der Stelle, an der die vom Prytaneion kommende Strasse auf den Platz des Domitian stößt. Dieses Gebäude, das aus ionischen Halbsäulen und Stützpfeilern besteht und mit dem mittleren Schiff der Basilika mittels eines Bogens verbunden ist, entspricht den Zusatzbauten der Basilika, die Vitruv (V 1,4) als Khalkidikum bezeichnet hatte. Die drei Räume dieses Gebäudes betritt man über die drei Türen, die sich vom Platz des Domitian aus öffnen. Über den Türen befindet sich ein Wandarchitrav, das am Platz des Domitian ausgestellt ist und an dem manche Buchstaben gelöscht und gezielt durch Bronzebuchstaben ersetzt wurden. Es wird vermutet, dass sich die Inschrift mit den gelöschten Buchstaben, die noch nicht vollständig übersetzt ist, auf den Kaiser Nero (43-68 n.Chr.) bezieht. In spätantiker Zeit (zur Zeit von Theodosius) war ein Teil der Stoa verfallen und fand mit einer am westlichen Teil angebauten Apsis als Kirche Verwendung. Deshalb wird dieses Gebäude Markt des Theodosius genannt. Im östlichen Bereich des Bauwerkes befindet sich ein Khalkidikum (Monumentaleingang), welcher mit den Statuen des Kaisers Oktavian Augustus und seiner Frau Livia geschmückt ist. Diese Statuen sind heute im Mueseum von Ephesus ausgestellt.

DAS ODEION

Hierbei handelt es sich um ein theaterähnliches Gebäude, das im 19. Jhd. von J.T. Wood entdeckt wurde, der damals in Ephesus arbeitete; es wurde angenommen, und dass es sich dabei um das Rathaus (Bouleuterion) oder um einen Konzertsaal (Odeion) handelte. Das Odeion ist ein Ort, an dem sich die Mitglieder des Stadtrates und die reichen Einwohner von Ephesus gemeinsam mit den Kureten versammelten, und dabei sowohl die Zukunft der Stadt besprachen, wie auch Musik hörten; die Inschrift eines Teils des Architrav weist darauf hin, dass dieses Gebäude im 2. Jhd. n.Chr von dem wohlhabenden P. Vedius Antonius und dessen Frau Flavia Papiana errichtet wurde. Das Odeion liegt am Hang des Panayır Berges. Der halbkreisförmige Sitzbereich (cavea) ist von einer Mauer umgeben und wird von einem Fundament mit Tonnengewölbe gestützt. Hier fanden in etwa 1500 Personen Platz. Ost- und Westende des Bühnenhauses gewähren über die Tore der Basilika Stoa und der gewölbebedeckten Treppen direkten Zugang zur Diazoma. Ausserdem kann das Gebäude von den Toren der Nordmauer und den hohen, bogenüberwölbten Durchgängen am Ende der Parodos betreten werden. Der Bereich der Sitze wird waagrecht von einem breiten Fussweg (Diazoma) getrennt. Die darüber und darunter befindlichen Sitzreihen (cavea) werden mit radialen Stufen in die "Kerkides" genannten Abteilungen unterteilt. Bei Ausgrabungen gefundene Spuren und architektonische Funde weisen darauf

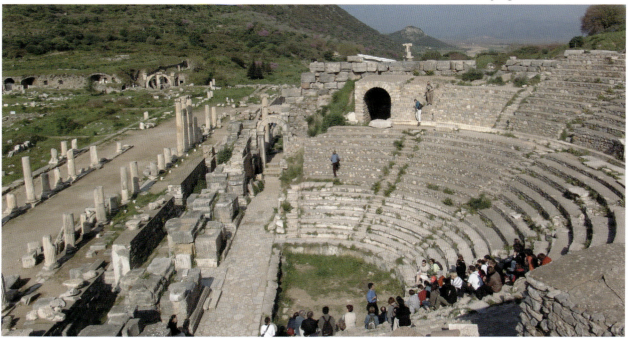

hin, dass sich hinter der obersten Sitzreihe eine mit rote Marmorsäulen ausgestattete Galerie befand. Der Orchestergraben zwischen der untersten Sitzreihe und dem Bühnengebäude war ursprünglich mit Steinplatten gepflastert. Die Vorderseite des Bühnengebäudes (scenea frons) war zweigeschossig und mit Säulen versehen; die Öffnungen der überstehenden Aedikula waren mit Statuen geschmückt und der Zugang zu der engen Bühne erfolgte über fünf Tore. Heute ist von der einstmals reich verzierten Bühne nur wenig über geblieben. Kleine Bauten wie das Bouleuterion und das Odeion waren mit einem festen Dach versehen um die Zuschauer vor Sonne und Regen zu schützen. Diese Dächer waren im allgemeinen mit Holz und gebrannten Lehmziegeln eingedeckt, während das Trägersystem aus großen Rahmen in Dreiecksform bestand. Zu den Statuen, die J.T. Wood bei seinen Arbeiten in Ephesus fand und die er ins British Museum schickte, gehören u.a. eine Statue von Kaiser Lucius Verus, eine Statue der jungen Faustina, eine Torso des Silenos und eine Statue des Mousa Erato. Die heute zu sehenden Restaurierungsarbeiten wurden in den Jahren 1970 und 1990 vom Museum in Ephesus durchgeführt.

DAS RATHAUS (PYRTANEION)

Das Regierungsviertel gehört zu den offiziellen Gebäuden, die in der Zeit von Kaiser Augustus gebaut wurden. Das Pyrtaneion betritt man von der nördlichen Stoa aus. In der Mitte des Hauptplatzes, dessen innere Ecken über herzförmige Säulen verfügen, befindet sich der Altar des heiligen Feuers, der aus einem behauenen Stein besteht, bzw. der Ort, an dem Speisen dargereicht wurden. An den Nord- und Westseiten dieses grossen Saales befinden sich kleine Räume, über deren Funktion nichts bekannt ist. Auf den sechs dorischen Säulen, die während der Reparaturarbeiten vor dem Pyrtaneion aufgerichtet wurden, stehen die Namenslisten der hier diensthabenden Mönche (Kureten) sowie andere religiöse Texte. Eine der Aufgaben der Kureten war es, dafür zu sorgen, dass das heilige Feuer niemals verlosch. Denn das niemals verlöschende Feuer wurde als Symbol für die unendliche Dauer der Stadt angesehen. Diese im Pyrtaneion befindliche Feuerstelle ist der Beweis dafür, dass in diesem Bauwerk die Schutzgöttin der Familie und der Stadt, die Hestia, verehrt wurde. Eine weitere Aufgabe der Hestia bestand darin, die jährlich im Mai stattfindenden Feierlichkeiten zu Ehren der Zwillinge Artemis und Apollo zu leiten. Am 6. Tag des Monats Mai wurde die Artemis Statue in einem zeremoniellem Aufmarsch, an der auch die Kureten teilnahmen, vom Artemision weg durch Ephesus getragen und wieder ins Artemision zurückgebracht. Im grossen Saal des Pyrtaneion wurden bedeutende Besucher der Stadt oder auch andere wichtige Personen, die dieser Ehre für würdig befunden wurden, zu politischen oder religiösen Anlässen bewirtet und die Versammlungskosten aus der Staatskasse bezahlt. Im 2. Jhd. gesellten sich weitere Kulte zum Hestiakult, so z.B. der Kult des Gottes der Weihsagung, des Apollon Manteios und der Demeter Karpophorus. Unter den Fundstücken, die bei den Ausgrabungen von 1956 gefunden wurden, befanden sich außer den, für die Religionsgeschichte in höchstem Maße wichtigen Inschriften drei, aus der Zeit des Kaiser Octavian Augustus stammende römische Kopien der Epheser Artemis Statue, die nach einem Erdbeben im 4. Jhd. den Kultregeln gemäß bestattet wurde (Selçuk, Ephesus Museum, Raum 6) Die Säulen mit den Inschriften sowie andere Teile des Gebäudes wurden nach dem Erdbeben im 4. Jhd. für den Bau der Kuretenstrasse (der Name stammt von den Säulen mit den Inschriften) und dem Skolastika Bad verwendet.

DIE STAATSAGORA

Gleich im Westen der Basilika befindet sich ein großer Platz, der über ein paar hinabführende Stufen zu erreichen ist. Der Bau dieser Staatsagora begann in späthellenistischer Zeit und wurde in der spätaugustinischen Zeit beendet. Der Platz der Agora wurde im Wsten von einer Mauer mit behauenen Steinen gestützt, die Ostseite eingeebnet und die Westseite aufgefüllt, so dass diese eine Länge von 160 m und eine Breite von 58 m erhielt. In der Antike diente die Agora als Zentrum, in dem man religiöse und politische Probleme diskutierte. Wichtige Probleme der Stadt wurden hier besprochen, Beschlüsse gefasst und die Stadt von hier aus geleitet. Am Ende der südlichen Stoa befanden sich angelehnt an die Terrassenmauer der südwestlichen Ecke der Staatsagora der Brunnen des Laecanius Bassus Hydrekdocheion sowie der Brunnen des Domitian. Unmittelbar an den Brunnen des Domitian schließt sich vor der Terrassenmauer und am Ende der nördlichen Stoa das Khalkidikum an. Nördlich der Agora befinder sich dagegen die dreischiffige Basilika Stoa (Königssaal) Bei der Südstoa, die zur ersten Bauphase gehört, gibt es einen zweischiffigen und zweitorigen Bau, der im dorischen Stil erbaut ist. Vom Südende der Stoa her betritt man zudem von der südlichen Strasse aus das Bauwerk mit den dorischen Toren und den Platz der Agora. Von der Tormauer, die diesem Baustil entspricht, sind bis heute nur zwei Stützpfeiler erhalten. Die Stirnseite ist von einem Schildrelief geschmückt und bildet mit den vier dorischen Säulen, die den hohen und breiten Prostylos stützen, ein Torgebäude. Hier sind die Säulentrommeln und Stützpfeiler an Ort und Stelle bis heute erhalten. Der dorische Torbau lässt sich anhand der architektonischen Verzicrungen auf das 2./1. Jhd. v.Chr. datieren. Durch dieses Tor betritt man die zweischiffige dorische, südliche Stoa der Staatsagora. Nur wenige architektonische Relikte der Stoa sind bis in unsere Zeit erhalten geblieben. Die Rückwand der Stoa ist gut geschützt und vor ihr befindet sich eine lange Sitzreihe aus Marmor. An der Westseite der südlichen Stoa wurden bei Ausgrabungen Spuren eines schlecht erhaltenen, weiteren dorischen Torgebäudes gefunden, welches sich zur Strasse des Domitian hin öffnet. An der Nordseite des Staatsagora lag eine zu Beginn lediglich zweischiffige Stoa (oder Terrassenmauer). Das Westende der Nordstoa dagegen verfügte in einer zweiten Baustufe, die mit der Südstoa einherging, über einen kleinen, einschiffigen Raum mit Säulen. Später wurden an dieser Stoa zahlreiche architektonische Veränderungen vorgenommen. Das westliche Ende der Nordstoa reicht parallel an die Geleitsstrasse heran, die diesen Platz überquert.

BAU DES MEMMIUS

Nördlich des Platzes des Domitian und nördlich des Punktes, an dem die Kuretenstrasse abbiegt, wurde im dritten Viertel des 1. Jhd. v.Chr. ein nahezu quadratisches Ehrengebäude errichtet. Es ist eines der wenigen architektonischen Werke der späthellenistischen Periode in Ephesus, die bis heute erhalten geblieben sind. Auf dem Architrav in der ersten Etage dieses Gebäudes, das in den Jahren 1959/60 zutage kam, befindet sich eine griechische und eine lateinische Inschrift, die den Namen Memmius enthielt. Diese wurde von Gaius Memmius, einem Vornehmen der Stadt für den Cousin des römischen Diktators Sulla, C. Memmius, erstellt. Ausgrabungsfunde weisen darauf hin, dass sich auf dem Fundament ein Gebäude befand, mit im Osten, Süden und Westen runden Nischen. Die Bogen der Nischen werden von Karyaditen gestützt, deren Kapitelle die Form von Körben haben. Die zum Hang hingewandte Nordseite war mit großer Wahrscheinlichkeit nicht verziert. Der Ehrenbau des Memmius war – architektonischen Funden zufolge – ein Bau mit Nischen unten und einer Attika Etage (verziert bis zur halben Geschoßhöhe) oben. Die jüngsten Untersuchungen haben ergeben, dass zahlreiche architektonische Teile zu diesem Bauwerk gehören. So wird auch deutlich, dass das turmförmige hellenistische Grab und die Ehrenbauten zu dem Plan gehören. Über dem Untergeschoß liegt eine obere Etage, die auf drei Seiten von Säulen getragen wird. Die Reliefs, die an den Mauern der Cella den Säulenabständen entsprechend angeordnet wurden, zeigen wahrscheinlich die Vornehmen der Familie des Memmius sowie die personifizierten Tugenden des Memmius. Das unmittelbar neben dem Memmiusgebäude aufgefundene und dort ausgestellte runde Gebäudeteil, das mit Girlanten und Stierköpfen verziert ist, sowie die Marmor- und Ziegelstücke gehören wohl auch zu diesem Gebäude.

BAU DES MEMMIUS

DAS POLLIO GEBÄUDE UND DER BRUNNEN DES DOMITIAN

Dieses Bauwerk befindet sich vor der westlichen Terrassenmauer der Staatsangora, blickt mit der Front zum Platz des Domitian und liegt zwischen dem Khalkidikum und dem Brunnen des Domitian. Es wurde von dem Stiefsohn des C. Sextilius Pollio auf einem, von der Stadtverwaltung zugewiesenen Platz erbaut, um denselben zu ehren, der der Stadt große Hilfe hat zukommen lassen. Gleichzeitig ist es das monumentale Grabmal des C. Sextius Pollio. Lateinische und griechische Inschriften weisen darauf hin, dass das Gebäude in den Jahren 92-93 n.Chr. erbaut wurde. Auf einer Grundfläche von 8 x 6,5 m befindet sich ein 6,4 m hohes Fundament, dessen Inneres aus zementierten Bauschutt mit Pseudoisodom Marmortafeln verkleidet ist (teilweise oder neu repariert) Das Gebäude weist an beiden Seiten zwei Türrahmen auf sowie eine große Nische, die diese vereinigt. Die kleine Nische in der Mitte, die von kleinen Wandpfeiler umgeben ist, ist der einzige Schmuck der Westfront.

Der Brunnen des Domitian :
Der Brunnen mit dem davorliegenden großen Becken, der auf die Strasse des Domitian und den Platz blickt, sorgt gemeinsam mit dem Laekanius Bassus Brunnen (Hydrekdokheion), der für die Wasserverteilung in der Stadt zuständig ist, für ein monumentales Aussehen der Strasse des Domitian. Den Inschriften zufolge wurde der Brunnen in den Jahren 92/93 n.Chr. erbaut. Die Front des Brunnen erscheint als zwei, mit Akantus Blättern geschmückte Rahmen, deren große Bogen mit einer großer Platz Beton-Marmormischung restauriert wurden. Hinter dem Brunnen befindet sich ein in der Form einer Apsis. Als Dekoration für den Brunnen dient eine Staute, die von einem anderen Ort hierhergebracht wurde, und die die Abenteuer des Odysseus und der Polyphemos Freundesgruppe darstellt (Ephesus Museum, Selcuk, Raum 2). Das Wasser, das mittels des großen Marnas Aquäduktes vom Bülbül Berg zur Staatsangora gebracht wurde, wurde hier mit dem Brunnen des Laekanius Bassus (Hydrekdokheion) verbunden. Der Wasserkanal, der beim Hydrekdokheion begann, endete hier; die Statuen der Flussgöttin Marnas (Ephesus Museum, Selcuk) und der Klaseas, die sich an den nördlichen und südlichen Aedikulae befanden, sowie die Statue des Zeus vom mittleren Aedikula an der Westseite, weisen darauf hin, dass dieses Gebäude als Brunnengebäude Verwendung fand. In der Zeit von Constantin II fanden Reparaturarbeiten statt.

DER BRUNNEN DES LAEKANIUS BASSU (HYDREKDOKHEION)

DER BRUNNEN DES LAEKANIUS BASSU (HYDREKDOKHEION)

Der Brunnen des Laekanius Bassu (in den Inschriften als Hydrekdokheion bezeichnet), ist eines der großen und reich verzierten zweigeschossigen Monumentalbauten der Stadt. Der Generalgouverneur C. Laecanius Bassus lies den Brunnen in den Jahren 80-82 n.Chr. im Südwesten der Staatsagora und zwischen der südlichen Stoa und der, zum Magnesia Tor führenden Südstrasse erbauen. Dieser Bau ist das älteste Gebäude dieses Stils in Ephesus. Die Vorderseite blickt auf die Strasse des Domitian und die Terrasse. Das Wasser, das mit dem großen Marnas Aquädukt vom Bülbül Berg gebracht wurde, erreichte die Agora über das Magnesia Tor und floß von dort in den Brunnen-Depobau. Der als Wasserdepot dienende Hauptpool mit seinen Maßen 12,35 x 8,30 m war an seiner Nord-, Ost- und Südseite mit einer Fassade aus zweigeschossigen Aedikulae umgeben. Die Rückseite hat ein Front in der Breite von fünf Trägerzwischenräumen. Die Motive der Front wiederholen sich oberhalb der nach oben offenen Seitenflügel. Die im Obergeschoß jeweils zwischen zwei Säulen stehenden Statuen verleihen dem Gebäude einen besonderen Prunk. Im Untergeschoß befinden sich neben den unterschiedliche Statuen auch Statuen von Meeresbewohnern und Flussgöttern in der Form von Wasserrinnen. Diese Statuen sind heute im Ephesus Museum in Selcuk ausgestellt.

TEMPEL DES DOMITIAN

Der Hügel im Südwesten der Strasse des Domitian ist terrassiert und die nach Osten und auf den Platz blickende Nordseite der Terrasse wurde von einem zweigeschossigem Gewölbe gestützt. Auf diese Weise wurde ein großer Platz geschaffen. Der Titel des Neokoros (Tempelhüters), den Ehpesus seit dem 1. Jhd.n.Chr. vom römischen Senat erbat aber nicht erhielt, wurde der Stadt zum ersten Mal vom Herrscher Domitian verleihen. Als Dank bauten die Bewohner von Ephesus für Domitian (81-96 n.Chr.) und dessen Frau diesen Tempel. Die Herrscher der asiatischen Provinz, deren Name auf den Inschriften erwähnt wird, werden im allgemeinen mit diesem Gebäude identifiziert. Zunächst wurde der Tempel zu Ehren des Domitian und dessen vergöttlichten Vorfahren erbaut. Doch Domitian wurde ermordet und der römische Senat beschloss, diesen aus der Erinnerung zu löschen (dammination memoriae). So stand Ephesus vor der Wahl, entweder den zu Ehren von Domitian erbauten Tempel zu zerstören, oder den schwer erworbenen Titel des Neokoros zu verlieren. Deshalb schnitten die Epheser den Kopf der Domitianstatue ab, versteckten diesen im Keller und montierten den Kopf dessen Vaters, Vespasian, auf die Statue. Auf diese Weise wurde das Recht des Neokoros auf dessen Vater Vespasian übertragen. In zahlreichen Inschriften wurde zudem der Name des Domitian gelöscht und an dessen Stelle der Name des Vespasian geschrieben. Im Jahr 1975 wurden manche Teile, wie die dorischen Halbsäulen und die niedrige Gewölbedecke mit der Unterstützung von männlichen und weiblichen Statuen wieder aufgerichtet. Von dem Portiko aus erreichte man über eine Doppeltreppe die Tempelterrasse. Der Tempel, der auf einem, über sechs Stufen zu erreichenden Podium von 24 x 34 m errichtet wurde, besteht aus Cella, Pronaos und einem Pseudodipteros mit einer Peristasis von 8 x 13 Säulen. Baureste im Osten des Tempels berichten von einem U-förmigen Altar auf dem Podium. Dieses ist außen mit einem Fries geschmückt, auf dem Opferzeremonien und Waffen abgebildet sind und trägt zudem einen kleinen Portiko. (im Ephesus Museum, Selcuk ausgestellt) In der spätantiken Zeit wurden Teile der Front für den Bau der unteren Agora, der Kureten Strasse und dem Theater benutzt. Als das Christentum zur offiziellen Religion wurde, zerstörte man den Tempel ebenso wie die Statuen.

TOR DES HERAKLES

In spätantiker Zeit wurde aus Trümmern anderer Beuten am Ostende der Kuretenstrasse ein monumentales Tor errichtet. Der Name des Tors leitet sich von den zwei Rahmen ab, auf denen sich das Relief des Herakles befinden. Das Tor wurde im 5. Jhd.n.Chr so erbaut, dass Wagen nicht nach oben hindurchfahren konnten. Oberhalb der Torrahmen, die mit dem Relief des Herakles verziert sind, der in den Pelz des Löwen Nemea gehüllt ist, befindet sich ein Bogen mit einer Bauinschrift. Aus dieser, auf dem Archivolt befindlichen Inschrift ist der Name des Flavius Konstantinos zu entnehmen, so dass der Bau auf das dritte Viertel des 5. Jhds. datiert werden kann. Ein Eckblock, auf dem die fliegende Nike mit einem Palmenzweig in der Rechten und einem Lorbeerblatt in der Linken abgebildet ist, ist dem Bogen hinzugefügt. Der Stil dieses Motivs lässt sich auf die erste Hälfte des 4. Jhd. datieren. An dem Tor wurden einfache Reparaturen vorgenommen.

DIE KURETENSTRASSE

Dies ist eine der Hauptstrassen, die das Magnesia Tor und das Koresos Tor verbinden. Sie ist 210 m lang. Diese heilige Strasse, die seit Alters her vorhanden war, und die als Feststrasse der Artemis religiöse Bedeutung hatte, setzte entgegen dem hippodamischen (gitterförmigen) Plansystem der hellenistisch-römischen Stadt ihre Existenz fort. Die beiden Endpunkte der Kuretenstrasse haben eine Höhenunterschied von 20 m. Deshalb beginnt der Spaziergang durch Ephesus bergauf. Die mit den Namen der Mönche (Kureten) versehenen Säulentrommeln, die vom Pyrtaneion herangebracht wurden, entdeckte man bei Ausgrabungen; dadurch erhielt die Strasse den Namen "Kuretenstrasse". Für die Pflasterung der Strasse wurde im allgemeinen Marmor verwendet, teilweise jedoch auch Stein.

Unter der Strasse befindet sich ein tiefer Abwasserkanal. Die Nebenstrassen münden entsprechend dem Gittersystem nicht rechtwinklig in die Kuretenstrasse ein. Vom nördlichen Hang des Panayırberges führen vier enge Strassen, von denen zwei mit Treppen versehen sind, zur Kuretenstrasse. Diese Seitenstrassen sind weniger mit hierher verbrachten

Marmorplatten, sondern meist mir Kalkstein gepflastert und die darunter verlaufenden Abwasserkanäle münden in den Hauptkanal der Strasse. Am oberen Ende der Strasse, die meist mit Marmorblöcken gepflastert ist, befinden sich an beiden Seiten Säulen. An der nördlichen Seite Richtung Tetragonos Agora liegen vor allem öffentliche Gebäude (Brunnen des Trajan, Bad des Varius, Hadrianstempel) während sich an der Südseite Ehrenbauten befinden. Die Statuen bedeutender Persönlichkeiten der Stadt waren auf Postamenten entlang der Strasse aufgestellt. Auf beiden Seiten der Strasse befanden sich Stoen, deren Boden mit Mosaiken verziert war. Dahinter befanden sich manchmal Läden, Restaurants, Trinkhallen und Gewürzläden. Die kleinen Räume an der Rückseite dieser Läden wurden als Werkstatt genutzt.

DER TRAJANSBRUNNEN

Dieser ist einer der drei prunkvollen Brunnen von Ephesus. Der 9,50 m hohe Brunnen wurde zu Ehren des Kaisers Trajan 114 v.Chr. errichtet und setzt mit seiner, mit verschiedenen Statuen geschmückten zweigeschossigen, von Säulen umgebenen Front die Tradition der Theaterbühne (scaenae frons) fort. Eine Inschrift in Fries und Architrav des Untergeschosses weisen darauf hin, dass der Brunnen vom Asiarch Tib. Claudius Aristion erbaut, und dem Kaiser Trajan gewidmet wurde. Die auf beiden Seiten vorgezogenen Flügel verleihen der Vorderfront mit den zweigeschossigen Säulenreihen ein noch prunkvolleres Aussehen. Vor der Brunnenfront und zwischen den beiden Flügeln befindet sich ein viereckiges Becken mit den Maßen 11,90 x 5,40 m. Die Mitte der Front verfügt über eine Nische, die sich über beide Etagen erstreckt. Hier befand sich die Statue des Kaisers Trajan in doppelter menschlicher Größe. Der mit einer Inschrift versehene Marmorsockel der Statue steht noch an seiner ursprünglichen Stelle. Die Kugel unter dem Fuß des Kaisers symbolisiert die Welt und betont so den Herrschaftsanspruch des römischen Reiches. Ein Teil dieser Stauen befindet sich im British Museum, ein anderer Teil im Museum von Ephesus.

Die Säulen im Untergeschoß des Brunnens verfügen über kompositorische Kapitele. An den Seitenflügeln liegt zwischen den Säulen jeweils ein Aedikula. Die korinthischen Säulen der oberen Etage stehen auf achteckigen Sockeln. An der Wand der Gebäuderückseite wurden Stützpfeiler so angebracht, dass sie den vorne stehenden Säulen genau gegenüber liegen. Die mittleren Säulen der oberen Etage tragen an ihrer Stirnseite einen Entabulator. Die Aedikula in der Mitte wurden mit einer dreieckigen Stirnseite sowie mit waagrechten Voluten am Seitenflügel und den Ecken der Rückfront betont, während die Front der zur Strasse gewandten Seitenflügel mit runden Stirnseiten hervorgehoben wurden. In den Nischen der Brunnenfront befinden sich die Statuen von Aphrodite und Dionysos, zwei Figuren junger Männer, die den Stadtgründer Androklos symbolisieren, sowie des Herrschers Nervas, einiger Frauenstauten und die liegende Figur des Satyr. Nachdem das Gebäude bei Erdbeben (vermutlich 362 n.Chr.) schwer verwüstet worden war, wurde es teilweise neu aufgebut. Weitere Teile des Brunnens sind im Becken sowie vor diesem ausgestellt. Um dem Betrachter eine Idee vom Aussehen des Brunnesn zu geben, wurde der Teil mit Beton restauriert, der niedriger als das Orginal liegt.

DER TRAJANSBRUNNEN

DAS SKOLASTIKIA (VARIUS) BAD

Das Bad des Varius (Skolastikia) wurde im 1. Jhd.n.Chr. erbaut und befindet sich im Norden der Kuretenstrasse; es ist eines der größten Bäder von Ephesus und wurde 1926 ausgegraben. Es liegt auf der Insel zwischen der Akademiestrasse und der Badstrasse. Hier, am Rande der Kuretenstrasse befinden sich im Badkomplex ein kleiner Bau, der als Hadrianstempel bekannt ist sowie ein großer Laden. Die Badstrasse ist 250 m lang und verläuft hinter dem Theater in gerader Richtung. Von dieser Strasse aus ist auch das Bad zu betreten, das einem römischen Plan entspricht. Von der Tür der Badstrasse aus betritt man das Variusbad und erreicht so den Umkleideraum und den Raum mit der Apsis, der den Eingangsbereich (Apodyterium) darstellt. In den sind Nischen eingelassen. In Wanden Einer dieser Nischen wurde die sitzende Statue der Skolastikia gefunden, die das Bad in christlicher Zeit in den Jahren 358, 365 und 368 repariert hatte. Diese Statue war jedoch von einem anderen Platz herbeigebracht worden und stammt aus dem 2. Jhd.n.Chr. Das Bad verfügt jedoch von der Kuretenstrasse aus über einen weiteren Eingang mit Treppen. Von hier gelangt man der Reihe nach in das Apodyterium, ein kleines Frigidarium (Heissbereich), ein weites Tepidarium (Warmbereich), ein Caldarium (Kaltbereich) und zuletzt in das Sudatorium (Schwitzbereich). Das mit Rohren ins Bad gebrachte Wasser wurde im Praefurnium (Heizraum) erhitzt. Die gleichzeitig im Praefurnium entstehende Heißluft wurde über das Hypokaustensystem unter dem Boden des Bades und in die Kanäle zwischen der marmornen Wandverkleidung geleitet. Schornsteine führten diese mit Rauch vermischte Heißluft ins Freie.

DER HADRIANSTEMPEL

DER HADRIANSTEMPEL

Auf der Insel des Variusbades und am Rande der Kuretenstrasse wurde ein kleines Ehrenmal erbaut, das einem Tempel ähnelt. Zur Zeit des Kaisers Hadrian erhält Ephesus zum zweiten Mal den Titel des Neokoros. Deshalb, so ist aus der Inschrift zu entnehmen, ließ der Epheser P. Vedius Antonius Sabinus diesen Tempel zu Ehren des Kaiser Hadrian erbauen. An der zur Strasse blickende Front befindet sich über den korinthischen Säulen ein Frontteil im syrischen Stil. Die Cella innerhalb des Badekomplexes hat die Maße von 7,50 x 5 m. In der Mitte befindet sich der Sockel der kaiserlichen Statue. Fries und Kapitellverzierungen an der Tempelfront sind mit Elementen versehen, die vor schlechten Ereignissen schützen (Apotropeik). Die Büste der Tykhe (Glücksgöttin), die auf dem Schlußstein des Bogens im vorderen Bereich aus einem Akantusblatt herauswächst, symbolisiert das fortdauernde Glück der Stadt. Am Rande der Kuretenstrasse befanden sich in den Jahren 300 n.Chr. vor den Säulen der Vorderfront auf Sockeln Statuen der Tetrarchen (Herrscher von einem Viertel der Provinz). Die Sockel von Diocletian, Constantinus Ciarus, Maximus und Galerius blieben bis heute erhalten, anstelle des Maximus (Senior) wurde später die Statue des Vaters des Kaisers Theodosius I. gestellt. Diese Sockel wurden während der Restauration nach dem Erdbeben, das den Tempel zerstörte, hinzugefügt. Bei dem zweiten Aufbau des Hadrianstempels nach dem Erdbeben, über dessen Zeitpunkt zu diskutieren ist, wurden weitestgehend orginale Materialien verwendet. Auf dem halbrunden Schild auf dem Stein über dem Cellaeingang entwächst eine Meduse einem Akantusblatt, deren Arme weit geöffnet sind. Rechts und links dieses Reliefs befinden sich eine Reihe schmaler Friese, die die Geschichte der Gründung Ephesus erzählen. In der linken Ecke befindet sich auf einem Pferd der Gründer der Stadt, Androklos, bei der Saujagd. Der mythologischen Überlieferung zufolge sagten die Wahrsager des Orakels von Delphi dem Androklos, der nach Westen wanderte und in Anatolien eine Stadt gründen wollte, folgendes voraus: "Der Fisch wird springen, das Schwein davonlaufen und du wirst dort eine Stadt mit leuchtender Zukunft gründen". Nachdem Androklos in Anatolien eintraf, besuchte er zahlreiche Orte und kam zuletzt an diesen Ort. Dort briet er einen Fisch in der Pfanne, wobei das Fett schlagartig in Brand geriet, der Fisch dadurch aus der Pfanne geschleudert wurde und dieser mitsamt dem brennenden Fett das trockene Gras in Brand setzte. Ein Wildschwein, das sich dort versteckt hielt, rannte davon, der Anführer der Kolonisten Androklos sprang auf sein Pferd und erlegte das Schwein. An eben diesem Ort erfüllt sich die Prophezeiung und Androklos gründet die Stadt Ephesus. Auf den Friesen sind von links beginnend Athena, Artemis, Apollo und eine Frauenfigur, Androklos, Herakles, der Vater des Theodosius, der Kaiser Theodosius selbst, die Artemis von Ephesus, Frau und Sohn von Theodosius, Dionysos und die Kureten abgebildet.

DIE HANGHÄUSER

Auf den Terrassen am Hang des Bülbülberges befanden sich die Häuser der Reichen von Ephesus. Jedes der aneinander gebauten, und nahezu gleich großen Häuser setzt die Tradition eines Hauses mit Peristyl fort, verfügte über je zwei Wohnungen und drei Terrassen. Die Grundfläche mancher Gebäude erstreckt sich auf 900-950 m2. Objekte, die bei Bohrungem im Fundament gefunden wurden, welche im Zuge der Ausgrabungen durchgeführt wurden, weisen darauf hin, dass die Häuser ab dem Ende des 1. Jhd. gebaut worden waren. Nach den Reparatur- und Ausbesserungsarbeiten, die nach den Erdbeben 262 und 369-370 n.Chr. durchgeführt wurden, waren die Häuser mindestens bis Ende des 4. Jhd., manche sogar bis ins 7. Jhd. bewohnt.

Die Häuser wurden über die an der Seite verlaufende enge Strasse mit Treppen betreten. In der Mitte der Häuser befand sich ein von Säulen umgebener und nicht überdachter Innenhof, der das Zentrum des Hauses darstellt. Dieser Peristyl war von einer überdachten Galerie umgeben, deren Boden mit Mosaiken versehen war. Alle Zimmer, also Speisezimmer, Schlafzimmer, Gästezimmer, Bad, Toilette, Küche und Sklavenraum wurden von dieser Galerie aus betreten. Und alle Zimmer erhielten ihr Licht durch den Innenhof. Über das Hypokaustensystem (Fussbodenheizung) verfügten alle Häuser über einige beheizbare Räume. Die Leitungen für Brauch- und Schmutzwasser von Bad, Brunnen und Toilette (Latrina) waren völlig dem öffentlichen Wassersystem entsprechend ausgelegt. Brunnen und Zisternen machten jedes Haus unabhängig in seinem Wasserverbrauch. Der Abwasserkanal unterhalb der Treppenstrasse war an den Hauptkanal der Kuretenstrasse angeschlossen.

Der bedeutendste Raum in der Wohneinheit Nr. 1 ist der Theaterraum, dessen Wände mit Szenen der Komödie des Meandros und der Tragödie des Euripides geschmückt sind. Die architektonische Verzierung im oberen Teil der Nordmauer stellt eine mytologische Szene (Herakles kämpft mit dem Flussgott Akheloos) dar.

Das eigentliche Zentrum des Wohneinheit Nr. 2 stellt der mit sieben Säulen umstandene Innenhof im Stil von Rhodos dar. Im Gewölbe der Südseite befindet sich ein hervorragendes Glasmosaik, auf dem Dionysos und Ariadne im Paradiesgarten zu sehen sind. Das Bodenmosaik der davorliegenden Galerie zeigt hingegen mythologische Meereslebewesen (eine Nereide auf dem Seepferdchen, das von einem Triton gezogen wird).

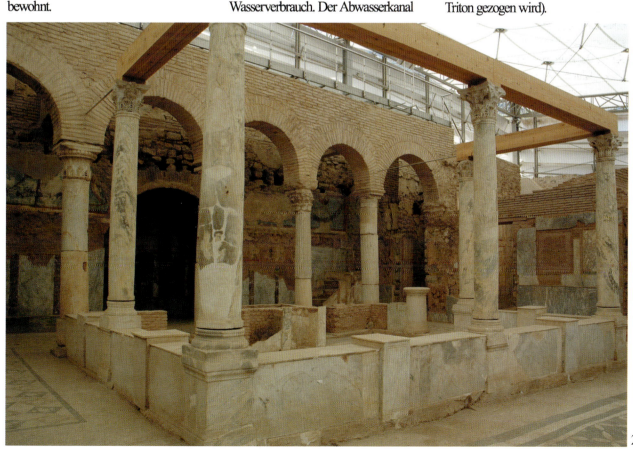

Der bedeutendste Raum der Wohneinheit Nr. 3 ist der Raum mit den Wandmalereien der neun Mousa, der Sappho und des Apollo. An der Ostwand des oberen Innenhofes befinden sich zudem die Portraits berühmter Philosophen. Dies scheint zur damaligen Zeit in Mode gewesen zu sein und ist von großem kunstgeschichtlichem Wert. Die berühmte Abbildung des Sokrates (heute im Museum von Ephesus), die sich in der Wohneinheit Nr. 4 befindet, sowie die Darstellungen der Mousa Urania, die sich neben einer Tür im Ostteil des Hauses befanden, stellen die ältesten, in Ephesus gefundene Fresken dar. Die Veränderungen, die mit der Erhebung der Apsis der Basilika an der unteren Terrasse entstanden, zerstören die allgemeine Ordnung des Hauses. Auch legen die Verbindungstreppen zu der darunterliegenden Wohneinheit Nr. 6 die Vermutung nahe, dass die Wohneinheit Nr. 4 dem nördlich angrenzenden Eigentümer gehörte. Innerhalb einer bestimmten Zeitspanne (2./3. Jhd. n.Chr) und der wirtschaftlichen Lage des Eigentümers entsprechend, ist anzunehmen, dass Wohneinheit Nr. 4 als Küchentrakt der Wohneinheit Nr. 6 gedient haben könnte. Neben der Grösse der Wohneinheit Nr: 6 (950 m2) werfen die Fundstücke in diesem Haus ein bedeutendes Licht auf die sozialen, wirtschaftlichen und kultischen Aufgaben eines Edlen Ephesers aus dem Hause des Severus. Ende des 2. Jhd. n.Chr. war der C. Flavius Furius Aptus der Besitzer der Wohneinheit. Furius Aptus war gegen Ende des 2. Jhd.n.Chr. einer der Leiter von Ephesus und ist bekannt dafür, dass er mindestens einmal die "Spiele von Ephesus" veranstalten ließ. In dieser Wohneinheit befindet sich ein vermutlich zweigeschossiger Innenhof. Von diesem Innenhof aus gelangt man in die im Westen und Norden liegenden Räume, den im Süden gelegenen marmorverkleideten prunkvollen Salon und über ein im Südwesten

gelegenes kleines Atrium mit einem Kreuzgewölbe in die Basilika Privata mit dem Tonnegewölbe. Der Hausbesitzer hielt den Dionysos Kult für sehr bedeutend, denn dieser spiegelte sich im Schmuck seines Wohnhauses wieder und war auch bei der Auswahl der Motive für die Gipsdekoration eines kleinen Zimmers im Stil einer Basilika ausschlaggebend, das sich auf den Zentralplatz hin öffnet. An der in geometrische Felder geteilten Gewölbedecke sind die Geschöpfe des Thiasos zu erkennen, die von Dionysos erschaffen wurden. Die Szene an der Bogenstirnseite zeigt die Hochzeit von Dionysos und der

Ariadne zwischen dem Eros. Die Wohneinheit Nr. 7 (900 m2) war auf der Westseite zeitweise mit der Wohneinheit Nr. 6 verbunden. Dieses Gebäude ist wiederum entsprechnd des traditionellen Bauplanes erstellt und um den zentralen Innenhof gruppieren sich die Räume, die jeweils einen anderen Charakter haben. In der südlich vom Innenhof liegenden Exedra befinden sich die Marmorbüsten des Kaiser Augustus, seiner Frau Livia, ihrer Kinder, und die des Kaisers Tiberius, sowie eine bronzene Schlange, die im Museum von Ephesus ausgestellt ist.

DAS OKTAGON UND DER BRUNNEN DES GRÜNDERS ANDROKLOS

Dieses befindet sich an der nordwestlichen Ecke der Wohneinheit Nr. 2 der Hanghäuser, am Rande der Kuretenstrasse. An den Strassenseiten des Fundamentes befinden sich griechische und lateinische Inschriften und es selbst stellt das monumentale Grabmals der 41.v.Chr. ermordeten Schwester Kleopatras, Arsinoye IV., dar. Unterhalb des Gebäudes befindet sich eine Grabkammer und darin ein Sarg. Es ist ein achteckiges Grabmal, das sich aus einem viereckigen Sockel erhebt. Der achteckige Teil ist von Säulen umgeben, der Teil nahe des Daches von Girlanden geschmückt. Das Dach hat eine konische Form. Teile des Daches sind ebenso vorhanden wie die korinthischen Saulenköpfe des Tempels. Die lateinische Inschrift links lautet "es wird mitgeteilt in welcher Menge Geld für die beim Erdbeben zerstörten Stadte aufgeteilt wird". Die rechts stehende lateinische und griechische Inschrift bezieht sich auf die "Finanzierung der organisierten Provinzfestspiele durch die vier Städte". Der Brunnen des Gründers Androklos. Dabei handelt es sich um ein U-förmiges Gebaude gleich neben Kuretenstrasse, dessen unterer Teil in dorischer Ordnung, der obere Bereich jedoch im ionischen Stil ausgeführt ist. Dieses Gebaude wurde zu Ehren des Gründers von Ephesus, Androklos, errichtet. Aufgefundene Dachreliefs und Friesteile datieren das Bauwerk auf das 2. Jhd.v.Chr. Die Wasserquelle namens Hypelaia wurde in den Bau integriert. Der vordere Bereich wurde während der byzantinischen Zeit geändert und dieser Teil aufgrund der Marmorverkleidung als byzantinischer Brunnen bezeichnet.

DIE LATRINA

In der Stadt Ephesus war für alle Bedürfnisse des Menschen gesorgt. An der Ecke, an der die Kuretenstrasse mit der Akademiegasse zusammentrifft, war gegenüber dem Variusbad die öffentliche Toilette (Latrina) erbaut worden. An drei Seiten eines Innenhofs mit Peristyl befanden sich in U-Form Sitzplätze mit Loch. Unterhalb diesen Bänken

befand sich ein tiefer Abwasserkanal der Stadt, der die Hinterlassenschaften der Toilette und üble Gerüche schnell abtransportierte. Das saubere Wasser, das vor den Toiletten aus den Wasserrohren sprudelte war zur Reinigung der Benutzer. Das Regenwasser dagegen wurde über Rohre in die unter der Toilette vorbei führende Kanalisation eingeleitet. So konnten die Toilettenbenutzer ihre Togas leicht anheben und nebeneinander ihre Bedürfnisse verrichten. Der Boden um das Wasserbecken in der Mitte war mit einem Mosaik verkleidet.

BORDELL

Das Gebäude neben der Latrina, das mit figurativen Mosaikverkleidungen versehen ist, wurde aufgrund eines zweimal verwendeten Architravs, der die Paidiskelon Inschrift trägt, als Bordell betrachtet. Es wurde am Ende des 1. Jhd. n.Chr. erbaut und bei dem Erdbeben Ende des 4. Jhd. renoviert. Dieser Baukomplex besteht aus zahlreichen Zimmern und Räumen, die um einen Innenhof gruppiert sind. Betritt man das Gebäude von der Marmorstrasse aus, sieht man ein zweistufiges Becken. Über einen Zugang links von dem Becken betritt man einen Hof, der von vier Zimmern umgeben ist und deren Boden mit Mosaiken ausgelegt ist. Das Bodenmosaik des kleinen Zimmers zeigt drei Frauen, die am Tisch sitzen und trinken. Es ist anzunehmen, dass die Mädchen das Obergeschoß bewohnten, während das Untergeschoß für Kunden gedacht war. Im Speisezimmer befindet sich die Portraits von vier Frauen, die die vier Jahreszeiten verkörpern. Der wichtigste Grund für die Deutung dieses Hauses als Bordell sind einige der hier gefundenen figürlichen Darstellungen sowie eine Inschrift auf der öffentlichen Toilette, die in diese Richtung weist. Während der Ausgrabungen wurden in der Zisterne des Hauses eine Statue des Gottes Bes mit großem männlichem Organ gefunden, sowie zahlreiche erotische kleine Statuen, die im

Museum von Ephesus ausgestellt sind. Ein weiterer Hinweis für die Verwendung des Hauses als Bordell ist der Inschrift in einem Marmorblock zu sehen, der nahe der Mitte der Marmorstrasse liegt und die ein Frauenbüste darstellt, einen Fuß sowie ein Herz, das von einem Pfeil durchbohrt ist. Das pfeildurchbohrte Herz meint das Bordell, die Büste die Bibliothek. Die Inschrift, die aus einem einzigen Satz besteht, meint "folge mir" (AKOLOYQI).

DIE CELSUS BIBLIOTHEK

DIE CELSUS BIBLIOTHEK

Dieses Gebäude befindet sich am westlichen Ende der Kuretenstrasse und schließt im Südwesten an das Südtor der Tetragonos Agora an und wurde auf dem rechteckigen Platz erbaut, der durch den Einsturz eines Hauses mit Peristyl im südlichen Bereich des Platzes entstand. Das Bibliotheksgebäude kam bei den Ausgrabungen 1905/1907 zum Vorschein. Die Vorderfront des Gebäudes wurde in den Jahren 1970-78 unter der Kontrolle des Ministeriums für Ausgrabungen unter weitestgehender Verwendung von orginalen Materialen und mit Hilfe von modernen Baumaterialein ihrem Orginalzustand entsprechen wieder errichtet. Das marmorne Grabmal des Celsus, der im Jahr 114 n.Chr. im Alter von 70 Jahren starb als er Generalgouverneur der römischen Provinz Kleinasien war, befindet sich in dem Grab am Südeingang der Tetragonos Agora. Celsus vermachte vor seinem Tod 25.000 Dinare, mit denen die Bibliothek erbaut werden sollte und bestimmte weiterhin, dass mit den Zinsen des restlichen Geldes jedes Jahr neue Bücher für die Bibliothek gekauft werden sollen. Es ist bekannt, dass sich zur Zeit des Celsus 12.000 Bücher in der Bibliothek befanden. Die Bibliothek selbst wurde im ersten Viertel des 2. Jhd.n.Chr. auf dem Grab des römischen Senators Tiberius Julius Celsus Polemaeanus von dessen Sohn Celsus Julius Aquila erbaut.

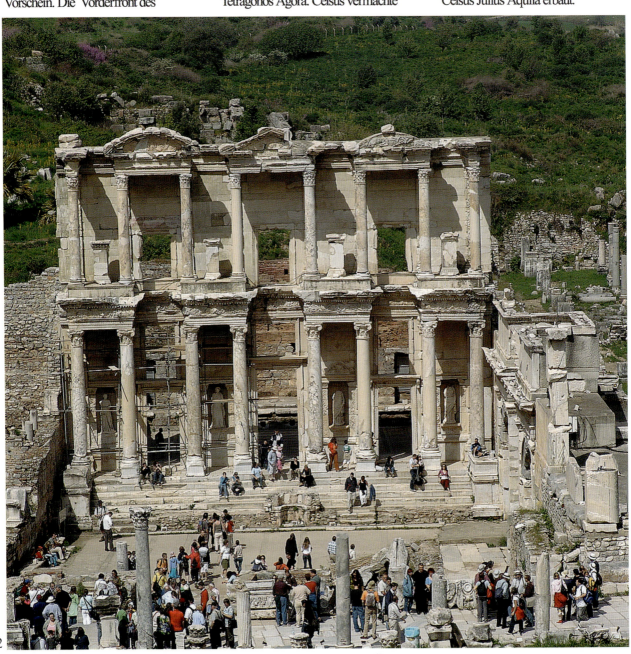

Dies ist den Inschriften auf zwei Sockeln neben der Treppe zu entnehmen, die mitteilen, dass "Tiberius Julius Celsus Polemaeanus, wahrscheinlich Sarde, der im Jahr 92.n.Chr. Konsul und in den Jahren 106/107 Prokonsul von Asien war, und weitere Ämter innehatte" Weitere bis heute erhaltene Inschriften berichten davon, dass "der Sohn des Celsus und der der Celsus Julius Aquila, der im Jahr 110 Konsul war, als Heroon für seinen Vater errichten lies". Die mit Aediklen verzierte Front, die über eine Treppe mit neun Stufen zu erreichen ist und an deren beiden Seiten sich die Sockel von Säulen befinden, verfügt über drei, in symetrischer Weise angeordnete Türen, durch die der Lesesaal betreten wird. Die bewegte Front mit ihren Vorsprüngen und zurückversetzten Mauern kommt durch das Aufeinandersetzen von architektonischen Elementen im Unter- und Obergeschoß zustande. Den vier Aedikula des Untergeschosses, die aufgrund ihrer Enge höher aussehen, stehen im Obergeschoß drei breitere Aedikulae gegenüber. Auf beiden Seiten befinden sich freistehende Säulen, die einen Entabulator tragen. Die Fenster des Obergeschosses wurden harmonisch zu den Türmen im Untergeschoß plaziert. Bei der Planung der Bibliotheksfront gelang es den Architekten durch eine falsche Perspektive die Front breiter

erscheinen zu lassen. Dies geschah dadurch, dass die waagrechten Elemente gebogen, die senkrechten Elemente jedoch mit ihrer Annäherung an die Mittelachse gestreckt wurden. Obwohl die Vorderfront der Bibliothek zweigeschossig ist, verfügt diese in ihrem Inneren über drei Etagen. Der Lesesaal hinter der Front war rechteckig, die Boden- und Wandverkleidung bestand aus unterschiedlich farbigem Marmor. An der Mitte der Rückwand der Bibliothek befand sich eine Apsis, in deren Gewölbe sich die Statue der Göttin Athena befand. Unter der Apsis lag der Sakophag des Tiberius Julius Celsus Polemaeanus, zu dessen Grabraum ein enger Korridor im Norden der Bibliothek führte. Über dem am Eingang befindlichen Lesesaal lagen zwei Etagen, die über Galerien betreten wurden. Hier bewahrte man die handschriftlichen Papyrusrollen in Schränken auf, die sich in Nischen befanden. 262 n.Chr. wurde der Lesesaal der Bibliothek bei einem Erdbeben schwer zerstört und brannte nieder, wurde jedoch wieder aufgebaut.

In spätantiker Zeit wurde auf den Treppen der Bibliothek ein Wasserbecken mit großen Relieftafeln errichtet, so dass die Vorderfront der Bibliothek zur prachtvollen Rückwand des Brunnens wurde.

Die großformatigen Relieftafeln, die für die Vorderseite des Brunnens verwendet wurden, waren als die "Parther Tafeln" bekannt. Sie waren Teil eines monumentalen Opferaltars, der in der Mitte des 2. Jhd. zu Ehren des Herrschers Lucius Verus errichtet wurde.

Die Tafeln sind heute im Ephesus Museum in Wien ausgestellt, neue Fundstücke dagegen im Ephesus Museum in Selcuk.

Bei einem weiteren Erdbeben im Mittelalter wurde die Front der Bibliothek völlig zerstört.

DAS MAZAEUS UND DAS MITHRIDATES TOR

Am Ende der Kuretenstrasse nördlich des Bibliotheksplatzes befindet sich das monumentale Südtor der Agora, das in der Antike Triodos genannt wurde. Zunächst war dieses Tor als Siegestor gedacht, wurde ab der Zeit des Kaiser Augustus jedoch zum Eingangstor der Agora. In den Jahren 1979 und 1988 wurde dieses Bauwerk unter Verwendung neuer Baumaterialien vom Ministerium für Ausgrabungen wieder errichtet. Mazaeus und Mithridates waren die Sklaven von Augustus und dessen Nachfolger Agrippina. Beide wurden von der Sklavenschaft freigesprochen und mit dem Auftrag nach Ephesus geschickt, den Reichtum des römischen Reiches in Ephesus zu verwalten. Als Dank für ihre ehemaligen Herren liesen

Mazaeus und Mithridates dieses monumentale Tor zu Ehren von Kaiser Augustus, seiner Frau Livia, seinem zu dieser Zeit verstorbenen Schwiegersohn Agrippina und seiner Tochter Julia errichten. Die Bauinschriften sind zweisprachig. In einem Seitenteil der Attika befindet sich eine ausführliche lateinische Inschrift, in dem zurückliegenden Mittelteil ein griechische Inschrift, die die Informationen der Ersteren zusammenfasst. Die linke Inschrift besagt: Für Augustus, den unsterblichen Sohn des Caesar, dem obersten Mönch, der zum 12. Mal Konsul wurde und zum 20. Mal der des Mazaeus und Mithridates besteht aus drei bogenförmigen Durchgängen. Während diese Bogendurchgänge in der Richtung der Tetragonos Agora ihr Ende finden, beginnt der mittlere Bogendurchgang an der Front des Eingangs des Bibliotheksplatzes später. Die Durchgänge sind mit reich verzierten Türrahmen miteinander verbunden. An den Außenwänden befindet sich jeweils eine halbrunde Nische. Das Dach des Tores besteht aus einem dreiteiligen geschmückten Architrav, einem mit Ranken verziertem Fries und einem gezähntem Ausschnitt. Die hohe Attika, auf dessen Wetterdach städtischen Getreidelieferungen, der Preisverordnungen, Befehlen anderer Art sowie des Bebauungsplanes. Das ursprüngliche Aussehen der Nordseite des Bauwerkes wurde bei Reparaturarbeiten im 1. Jhd. n.Chr. vernichtet. Einer Inschrift zufolge wurde der Grund am Südtor erhöht, damit das bei Regen die Kuretenstrasse herabfließende Wasser nicht mehr in die Agora läuft und somit in einem Kanal gesammelt wird. Als das Tor erbaut wurde, befanden sich mit großer Wahrscheinlichkeit rechts und links des Tores je zweigeschossige Flügel, die als Grabmal des

unanfechtbare Kopf der Volksvertretung sowie für dessen Frau Livia". Die Rechte Inschrift besagt: "Für Marcus Agrippina, den Sohn des Lucius, der zum 3. Mal Konsul wurde und zum 6. Mal der unanfechtbare Vorsitzende der Volksversammlung sowie für Julia, die Tochter des Caesar Augustus, und im Namen des Volkes von Mazaeus und Mithridates für ihre früheren Herren erbaut." Das Monumentaltor sich auch eine Inschrift befindet, ist oben mit Randverzierungen begrenzt. Über der Attika befinden sich die Statuen des Kaisers und seiner Familie. An der engen Außenmauer des Durchgangs befindet sich das Relief der Hekate, der Göttin der Wegkreuzungen. Eine Inschrift in der südöstlichen Nische verflucht dagegen all diejenigen, die sich hier erleichtern. Alle Wände des Bauwerkes sind voller Inschriften bezüglich der Mazaeus und Mithridates dienten. Der östliche Flügel wurde jedoch mit der Neuordnung der Agora, der westliche Flügel mit dem Mazaeus Grab spätestens mit dem Bau der Bibliothek eingerissen.

DIE TETRAGONOS AGORA

Schriftliche Zeugnisse weisen darauf hin, dass die "Tetragonos Agora" ein Handelsplatz war. Diese Agora aus spätantiker Zeit wurde während der Ausgrabungen der Jahre 1901-1907 in der Ebene westlich der Marmorstrasse entdeckt. Tiefere Grabungen aus dem Jahr 1977 führten zu der Erkenntnis, dass 3 m unter der jetztigen Oberfläche die Spuren einer hellenistischen Agora zu finden sind. Diese war etwa halb so groß wie die Agora der Römerzeit. Anhand der bei Ausgrabungen gefundenen Bauteile ist zu erkennen, dass sich zur Zeit des Lysiamahkos an der Südwestecke der Agora ein Lagergebäude mit zwei Reihen von Räumen befand und dass darüber etappenweise im 3. und 2. Jhd.v.Chr. eine bis zum Westtor reichende Stoa errichtet wurden war. Die Agora, die im 1. Jhd.v.Chr. zur Quadratform (112 x 112 m) erweitert wurde, war überdacht, verfügte an ihren vier Seiten über zwei Galerien und Stoen sowie drei Monumentaltore. Diese Räume wurden zu Handelszwecken, einige jedoch auch als Versammlungsorte der Berufsgruppen der Stadt oder der politischen Vereinigungen benutzt. Die Überreste von Treppen an der Südostecke der Agora, nahe des Westtores und östlich der Nordtores weisen darauf hin, dass die Stoa über zwei Etagen verfügte.

Bei den Erdbeben im 3. und 4. Jhd.n.Chr. wurde die schwer beschädigte Agora von Kaiser Theodosius I. (379-395) mit herbeigebrachten Baumaterialien wieder im Urzustand aufgebaut, so dass sie als das Theodosius Forum bekannt ist. Ihre Funktion behielt die Agora bis ins 7. Jhd.n.Chr. bei.

Das Westtor:

Das Westtor, das sich am Ende des Bulvars (Weststrasse) befindet, der am Hafen beginnt und Richtung Stadt führt, ist der Hauptzugang zur Agora und wurde auf einem breiten Podium (17 m) errichtet. Auf den Flügeln zu beiden Seiten, die über 10 Stufen zu erreichen sind, befinden sich je zwei Säulen; dahinter liegen zwei Säulenreihen. Die Sockel, die z.T. heute noch vorhanden sind, sowie die die ionischen Kapitelle, die um das Tor herum aufgereiht sind, weisen reichhaltige Verzierungen auf. An beiden Seiten des Eingangs befinden sich marmorne Sitzbänke. Das Monumentaltor war nach dem Erdbeben des Jahres 23 n.Chr. auf den Fundamenten des kleineren Augustustores errichtet wurden. Dieses prunkvolle Tor war jedoch nicht für den Lastverkehr geeignet, so dass unter Domitian (81-96 n.Chr.) ein Händler aus Iskenderung Veränderungen hat vornehmen lassen. Der heutige Zustand des Tores, also drei Durchgänge, zwei grosse Wasserbecken sowie eine Rampe an den Seiten für den Schwerverkehr, sind auf Reparaturen zurückzuführen, die in spätantiker Zeit vorgenommen worden waren. Der große Hof der jahrhundertelang benutzten Agora war mit zahllosen Ehrenstatuen und Opferplätzen geschmückt, deren Sockel immernoch vorhanden sind.

DIE TETRAGONOS AGORA

DIE NERO STOA

Die Nero Stoa befindet sich im Osten der Agora. Dabei handelt es sich um eine zweischiffige Basilika, die sich entlang der Marmorstrasse über 150 m hinzieht. Das Bauwerk, das einer Inschrift zufolge "Der Artemis von Ephesus, Nero und seiner Mutter Agrippina sowie den Bewohnern von Ephesus" gewidmet ist, wurde kurzerhand Nero Stoa genannt. Die zur Marmorstrasse weisende Terrassenmauer der Nero Stoa wurde mit behauenen Steinen gemauert. Das im Süden befindliche Haupttor der Basilika ist über die Treppen des Bibliotheksplatzes zu erreichen. Das westliche Schiff der Nero Stoa, das völlig eingestürzt ist, war über den östlichen Räumen der Agora erbaut worden. Aus diesem Grund ist unsicher, ob eine Verbindung bestand zwischen der zur Agora blickenden Front und der im Westen zusammengebauten eigentlichen Stoa.

DIE MARMORSTRASSE

Die Kuretenstrasse endet am Bibliotheksplatz. Die Marmosstrasse, die am Rande des Bibliotheksplatzes beginnt und am Ostrand der Tetragonos Agora vorbeiführt, erreicht ohne Unterbrechung den im Norden liegenden Theaterplatz. Die völlig mit Marmor verkleidete Strasse war in der Kaiserzeit die Hauptstrasse von Ephesus und gleichzeitig die Strasse für religiöse Prozessionen. Sie wurde von Fahrzeugen befahren, für Fußgänger gab es seitliche Stoen. Die Hauptkanalisation von der Kuretenstrasse teilt sich am Bibliotheksplatz. Ein Arm führt unter der Tetragonos Agora Richtung Westtor, der andere Arm verläuft unter der Marmorstrasse. Im Westen der Strasse befindet sich die Nero Stoa, im Osten dagegen eine Stoa, die nahe der südlichen Analemmamauer des Theaters endet. Hinter den Säulen der Oststoa liegen einige Räume, die zu Handelszwecken benutzt wurden, sowie der nur an einigen Stellen ausgegrabene Eingang zu mehrgeschossigen, schlichten Wohnquartieren. Die Nero Stoa, die an der westlichen Seite der Marmorstrasse entlang führt, liegt 170m über diesem Strassenniveau. Nahe deren Nordende befindet sich ein Tor mit Bogen. Die Terrassenmauer der Nero Stoa ist mit behauenen Steinen gemauert. Nahe der Mitte der Stoa befindet sich eingeritzt in einen Marmorblock eine Frauenbüste, ein Fuß und ein Herz, das von einem Pfeil durchbohrt ist. Das Herz weist angeblich zum Bordell, die Büste dagegen zur Bibliothek.

In der Spätzeit der Stadt trafen hier die Rückwand des Bühnengebäudes des Theaters mit der Stadtmauer und dieser Strasse zusammen. Aus Marmorblöcken, die von anderer Stelle herbeigeholt wurden, errichtete man das "Stadttor". Die hinter diesem Tor liegende Strasse wurde verbreitert und bis zur breiten Treppe des Theaterplatzes fortgeführt, die Zugang zur Arkadiane und dem Theater gewährte.

DAS GROSSE THEATER

Wie bei allen antiken Theatern, sind auch beim Theater von Ephesus die Sitzreihen in den Hang des Panayır Berges gebaut. Zudem ist es eines der großen Theater Anatoliens und bot nach den Reparaturarbeiten der Römerzeit 25.000 Besuchern Platz.

Das Theater befindet sich auf der Heiligen Strasse zwischen dem Magnesia Tor von Ephesus und dem Koreos Tor. In der Antike fungierten Theater als Versammlungsplatz und waren ein zentraler Punkt im städtischen Leben; hier wurden künstlerische Wettbewerbe, Versammlungen der Stadtvertreter, des Ältestenrates, der Jugendorganisationen, Volksvertreter und der Theologen abgehalten, so dass die Theater stets von besonderer Bedeutung für die Infrastruktur einer Stadt waren. Der Beginn des Theaterbaus ist nicht genau bekannt. Doch ist mit der Errichtung eines kleinen Brunnenbaus (hellenistischer Brunnen) in der nordwestlichen Ecke des Bühnenhauses in den Jahren 100 v.Chr. die Existenz des

Theaters bewiesen. Des weiteren ist anzunehmen, dass das Baudatum mit der Ernennung Anatoliens zur Provinz Asien zusammenfällt. Der erste Bau verfügt zu Beginn über ein kleines und schlichtes Bühnehaus sowie ein Orkestra aus Entwässerungskanälen und einer umgebenden Sitzgruppe. Zur Zeit von Kaiser Augustus wächst Ephesus sehr schnell und zusammen mit dem Wachstum der Stadt geht auch die Erweiterung des Theaters vostatten. Zur Zeit von Nero, vor allem jedoch während des Baubooms unter Domitian (laut Inschriften 87-92) wird dem Bühnenhaus eine reichverzierte Etage hinzugefügt. Davor wurde im Orchester eine niedrige Proszeniumsloge gebaut, darüber die Theaterszene (Logeion) errichtet und das Orchester so vergrößert. In der gleichen Zeitperiode wurde der darüberliegenden zweite Sitzbereich und die Analemmata (Seitenwände) dem danebenliegendem Tonnengewölbe aufgesetzt. Die Sitzbereiche sind der Länge nach von breiten Zugängen (Diazoma) unterteilt. Die oberen Sitzbereiche

sind über die Diazoma und Treppen zu erreichen. Der unterste Sitzbereich ist mit engen Treppen in 11 keilförmige Sitzabteilungen unterteilt, die Kerkides genannt werden. Im zweiten und dritten Sitzbereich wurde die Anzahl der Treppen verdoppelt, so dass sich hier 21 Kerkides befinden. In der ersten Etage beträgt die Anzahl der Sitzreihen 19, in der zweiten Etage 20 und in der dritten 23. Im geräumigen zweiten Diazoma befinden sich die steinernen Sitze (Prohedira) der Spielleiter und Schiedsrichter. Inschriften berichten uns davon, in welchem Bereich Boule (Stadtrat), Gerousia (Ältestenrat), Theologos (Zeremonienredner) u.ä. Räte ihren Sitzplatz hatten. Einer Bauinschrift zufolge war der dritte Sitzbereich kurz nach dem Jahr 100 n.Chr. vollendet worden, der über eine, von einem breiten und hohen Gewölbe überdeckten Treppe erreicht wurde. Eine lange Inschrift im Theater teilt mit,

dass C. Vibius Salutaris im Jahr 104 n.Chr. eine großzügige Spende für die religiösen Zeremonien bereitgestellt hatta, und während der hier abgehaltenen Volksversammlungen silberne Statuen der Artemis und des Kaiser Trajan aufstellen ließ. Das Sonnendach des Theaters, das man Inschriften zufolge im 2. Jhd.n.Chr. im Theater aufgestellt wurde, wurde bei Reparaturarbeiten im Jahr 205 und 240 ausgebessert. Hinter dem zweiten Sitzbereich wurde ein dritter Sitzbereich auf teilweise höhere Gewölbebauten aufgesetzt und am oberen Rand des Theaters eine Art Tribüne mit einer vorgelagerten Säulenreihe errichtet, die der Göttinen des Wettbewerbs, der Nemesis, geweiht wurde. Der zweite und dritte Sitzbereich wird vom zweiten Diazoma unterteilt. Der dritte Sitzbereich des Theaters ist nicht nur über die, von den Diazoma ausgehenden Treppen zu erreichen, sondern auch von außen über eine breite, gewölbebedeckte Treppe, die sich in der Analemmata befindet. Mit der Errichtung der obersten Etage des Bühnebaus findet das Theater seine Vollendung. Doch ist nicht klar, wann das Theater diese Form annahm, wahrscheinlich ist jedoch vor dem Jahr 262 v.Chr. Denn bei dem großen Erdbeben in diesem Jahr stürzten einige Bereiche des Theaters ein, die obersten Bereiche der Analemma wurden nicht mehr benutzt und anstelle des klassischen Theaters traten schlichte Spiele und Gladiatorkämpfe, wie den Graffitis an den Bühnenwänden zu entnehmen ist. Das Theater erlitt weiteren Schaden bei den Erdbeben von 359 und 366 n.Chr. und wurde im 8. Jhd. in das Verteidigungssystem integriert und so von seinem unsprünglichen Zweck entfernt. Das heutige Aussehen stammt aus spätantiker Zeit. Der Bibel zufolge veranlasste Demetrios die Epheser in diesem Theater dazu, im Chor "Die Artemi der Epheser ist die Größte" zu singen, um so Paulus und dem Christentum entgegen zutreten.

DAS HELLENISTISCHE BRUNNENBAUWERK

Dieser Brunnen befindet sich am Rande des Theaterplatzes nördlich der Bühnengebäudes. Es ist das am besten erhaltene hellenistische Bauwerk in Ephesus. Der Brunnen wurde aus Marmorblocks erbaut. Die Seitenwände des Brunnens wurden zu Wänden mit Strebepfeilern mit Abschlüssen versehen. Zwischen diesen Wanden befinden sich als Stützen zwei gerippte ionische Säulen. Auf den Kapitellen befinden sich Architrave. Die Außenseite des Architrav weist ein gezähntes Muster sowie eine Reihe Geison auf, die Innenseite dagegen eine Kasettendecke. An einer der Säulen steht die Inschrift dass "das Wasser des Marnas hierher gebracht wurde". Das über Rohre zum Brunnen gebrachte Wasser flibt aus den Köpfen dreier Löwen, die an der Rückwand angebracht sind. Die Ansicht des Brunnens ist schlicht und nur die ionischen Kapitelle sind zu sehen. Der Brunnen, der sich an einer wichtigen Stelle der Stadt befand, war wahrscheinlich, wie so oft, farbig bemalt. In der Römerzeit wurde das hellenistische Bauwerk um 2 m nach vorne verlängert und dem neuen Portiko zwei nicht kanellierte Säulen hinzugefügt.

ARKADIANE (HAFENSTRASSE)

Diese marmorgepflasterte Strasse erstreckt sich zwischen dem großen Theater und dem Hafen, ist 11 m breit und 528 m lang (=1800 Fuß bzw. 3 Stadien). In der frühen Römerzeit war diese Strasse das wichtigste Bauwerk, an der auf dem Meeresweg ankommende Könige, Herrscher und Abordnungen anderer Städte empfangen wurden. Unter dieser Strasse wird die von der Marmorstrasse kommende Kanalisation fortgeführt, die schließlich in den Hafen mündet. Die Strasse, die seit der trüen Römerzeit besteht, wurde bei den Erdbeben 359 und 366 beschädigt und unter dem Herrscher Arkadius (395-408 n. Chr.) mit bereits gebrauchten Baumaterialien repariert. Dabei wurden die Stoen rechts und links der Strasse neu erbaut. İm 5. Jhd. n.Chr wurde die Arkadiane beleuchtet. Die Strasse begann und endete jeweils mit einem Tor. Genau in der Mitte der Strasse befand sich im 6. Jhd.n.Chr. ein Bauwerk, das auf einem quadratischen Sockel mit Treppen errichtet war und über vier Säulen verfügte. Die 2 m hohen, runden Sockel, auf denen sich christliche Symbole befanden, waren an den Ecken mit in Nischen befindlichen Säulen dekoriert. Auf den runden Sockeln befanden sich je ein Säulenunterstand, eine große Säule und ein Kapitell. Es wird angenommen, dass sich auf den Kapitellen die Statuen der vier Bibelverfasser befanden. Auf diese Weise wurde allen, die über das Meer anreisten, der christliche Charakter der Stadt verdeutlicht.

ARKADIANE (HAFENSTRASSE)

DAS THEATER GYMNASIUM

Dabei handelt es sich um den Bau des Bades-Gymnasiums, das sich am Anfang der Arcadius Strasse nördlich des Theaterplates befindet. Es verfügt über einen 70 x 30 m großen Palaestra Innenhof und ist auf drei Seiten mit Stoen umgeben, die mit Bodenmosaiken versehen sind. Am nördlichen Rand des Gymnasiums befindet sich eine Tribüne, die aus vier treppenartigen Sitzreihen besteht. Der Tribüne war in Richtung der Badfront ein leicht geneigter Platz für die Zuschauer auf den Stehplätzen vorgelagert. Die Tatsache, dass das Theater unmittelbar daneben liegt und dass der Bau über eine Palaestra verfügt, legen die Vermutung nahe, dass dieser Baukomplex zur Ausbildung von Theaterschauspielern benutzt wurde. Aus diesem Grund wurde der Bau "Theater Gymnasium" genannt. Nördlich des Gymnasiums befindet sich direkt hinter der Tribüne der Badkomplex. Hier wurden die Ausgrabungsarbeiten begonnen, jedoch nicht vollendet. Am Nord- und Südrand des Bades befinden sich eine Reihe von kleinen Räumen. Die engen Zimmerchen im Süden fungieren als Auskleideräume (Apodyterium), die nur wenig größeren Räume genau in der Mitte waren Bereiche zum warmen Waschen (Calidarium) mit Warmwasserbecken. Der mittlere Raum unter den nördlichen kleinen Zimmerchen diente mit großer Wahrscheinlichkeit als Herrscher (Kult)Raum. Außer den kleinen Räumen im Norden und Süden des Bades befand sich zudem ein U-förmiger Platz zum Erholen und Gehen (Tepidarium). Der zweite Bereich des Bades im Inneren war wieder in U-Form angelegt (Frigidarium), doch befand sich hier ein Schwimmbecken (Natatio). Das Bad wurde über eine Hypokausten genannte Warmluftheizung unterhalb des Fußbodens geheizt.

DIE MARIENKIRCHE

Ein kleiner Fußweg gleich links neben dem Eingangstor nach Ephesus führt zur Marienkirche. In dem westlichen Teil der Südstoa des Olymieion wurde im 4. Jhd.n.Chr. ein Kirchenbau von 145 m Länge erbaut. Dies ist die erste Kirche, die im Namen der Maria erbaut wurde. Sie diente den Mönchen von Ephesus zur Ausbildung und zu Schulzwecken. Die Kirche und deren Anbauten wurden auf einem, bereits vorhandenen, langen und schmalen Bau errichtet. Eine Inschrift besagt, dass dieser Bau lange Zeit als eine Medizinschule gedient hatte. Manche Archäologen meinen jedoch, dass dieses Gebäude keine Medizinschule gewesen sei, sondern eine dreischiffige Basilika. Die Kirche durchlief zahlreiche Bauphasen. In der ersten Phase lag sie westlich ihres heutigen Platzes als eine dreischiffige Kirche, deren Boden mit Inschriften versehenen Steinen aus der Römerzeit bedeckt war, mit einem peristylähnlichem Atrium, einem Narthex in der Länge und 40 Säulen, die das mittlere Schiff stützten. Am Ostende des Mittelschiffes befand sich eine große Apsis, die aus den behauenen Steinen der römischen Stoa errichtet worden war. Zu beiden Seiten der Apsis lagen je ein Raum (Pastophorion), in dem liturgische Gegenstände aufbewahrt wurden. Dem Nordrand des Atriums war ein Taufgebäude angeschlossen, mit einem marmorverkleideten Taufraum, der einem Tholos ähnelte; dieser hatte eine achteckige Form mit Nischen innen und einem Taufbecken in der Mitte des Raumes, in dem auch Erwachsene getauft werden konnten. Nachdem die Kirche bei dem Erdbeben von 557 n.Chr. schweren Schaden erlitt wurde sie in veränderter Form neu aufgebaut. In dieser zweiten Bauphase wurde auf die Säulen verzichtet, die Kirche in zwei Teile aufgeteilt und zu einer Basilika mit Stützpfeilern und einem engen Narthex umgewandelt. Der Westteil der Kirche wurde in völlig anderer Art erbaut. Die gemauerte Kirche verfügte über enge Nebenschiffe, einem langen und feinem Gewölbe, das auf Elefantenfüßen stand und einer Zentralkuppel über dem mittleren Schiff. Das Mittelschiff endet an beiden Enden jeweils mit einer Apsis, während sich daneben die Pastophorien befinden, die Kapellen ähneln. An der Westseite ist ein Ezonarthex (innerer Narthex) angefügt, der so eine Kirchenzentrum bildet, während der Ostteil für den Piskopos, der Westteil für die Kirchengemeide vorgesehen ist. Die Piskoposkirche wurde seit den Jahren 654/55 nach den Zerstörungen durch die Arabereinfälle nicht mehr benutzt. Tore, die dann in der Kirchenapsis eröffnet wurden, sowie die Benutzung als Friedhof bis ins 11. Jhd, des nördlichen Teils sogar bis ins 14. Jhd. zeigen, dass das Gebäude seine Funktion völlig verloren hatte. In der zweiten Hälfte des 6. Jhd. begann

mit der Benutzung als Friedhof die zweite Bauphase der Kirche. Untersuchungen zeigen, dass im Ostteil lediglich im Narthex Geistliche beigesetzt wurden. Später entwickelte sich nicht nur in der Kirche, sondern auch außerhalb ein großer Friedhof. Dies zeigt, dass man in Ephesus auch unter der Herrschaft der Aydınoğulları die heiligen Orte der Christen wie früher benutzte.

Am 22. Juni 431 versammelte sich in der Kirche ein Konzilium unter der Beteiligung von 195 Geistlichen. Es gibt keinen Zweifel daran, dass es sich bei der Bischofskirche von Ephesus, die mit dem Konzil berühmt wurde, um die Marienkirche handelt. Bei diesem Konzil wurde über die menschliche und göttliche Abstammung Jesu diskutiert. Als Fortsetzung dieser Diskussion wurde die Frage aufgeworfen, ob Maria die Gottesmutter ist oder nicht. Nestorius, der Bischof von Istanbul, zog mit seiner Behauptung, dass Jesus nicht der Sohn Gottes, sondern nur ein erhabener Mensch gewesen sei, den allgemeinen Zorn auf sich und wurde aus der Kirche ausgestoßen. Cyrillus, der Patriarch von Alexandrien führte an, dass Jesus eine einzige Persönlichkeit aber zwei Existenzen habe, und Maria tatsächlich die Mutter Gottes sei. Schließlich fand die Ansicht von Cyrillus mehr Anhänger und es wurde allgemein anerkannt, dass Jesus göttlich ist und Maria die Gottesmutter darstellt.

Jüngste Untersuchungen zeigen, dass die christlichen Gebäude nach dem Jahr 431 errichtet wurden. Das gesamte Konzil oder auch ein Teil davon kann in der Stoa abgehalten worden sein, doch bestand zu diesem Datum noch keine Marienkirche. Das Problem der Nichtübereinstimmung des Austragungsortes des Konzils in der erst späer errichteten Marienkirche mit den Konzilunterlagen kann erst durch weitere philologisch-archäologische Untersuchungen gelöst werden. Papst Paul IV betete bei seinem Besuch in Ephesus im Jahr 1967 in der Marienkirche.

DAS HAFENBAD

Dieser sehr große Komplex, der sich nördlich der Arkadiane Strasse befindet, besteht aus Bad, Gymnasion und einem Sportplatz und ist mit der West-Ostachse als Mittellinie symetrisch angelegt. Mit dem Bau wurde unter Domitian begonnen; die durch das Erdbeben von 262 entstandenen Schäden wurden repariert und die letzte Form erhielt das Bad im 4. Jhd.n.Chr. Da eine Inschrift auf "Atrium termarum Constantianarum" lautet, erhielt das Bad auch den Namen Konstantius Bad. Von der Arkadiane Strasse aus betritt man durch ein Tor mit drei Durchgängen einen Platz, der in spätantiker Zeit monumental angelegt worden war. Genau gegenüber dem Eingang befindet sich an der Südseite eine mit Statuen geschmückte Exedra. In spätantiker Zeit war vor der Exedra eine Wasserbecken angelegt worde. Vor dem Bad befindet sich ein 45 m großer Eingangsbereich, dessen drei Seiten mit einem Peristyl mit Bodenmosaiken verziert ist. Bei der Pflasterung des Bodens wurde zahlreiche, bereits benutzte und von anderer Stelle herbeigebrachte Marmorsteine verwendet. Darunter befinden sich auch Reliefs von dem Parther Denkmal. An der Nordseite befinden sich eine Treppe, die von zwei gewundenen Säulen begrenzt ist und die zu einem Freiraum führt. Unmittelbar neben dem Brunnen ist ein Brunnenbecken, darüber Stierköpfe und Girlanden zu sehen, die beide Elemente verbinden. Die Außenmauer des dreischiffigen Atriums ist von gemauerten Säulen unterteilt. Das Atrium fungiert als eine Art Eingangsbereich für das im Norden gelegenen Bad. Der Badebereich ist symetrische angelegt. Nördlich des Bades befinden sich drei lange Räume. Im mittleren Raum befindet sich der Kaltraum (Frigidarium) mit einem großen Kaltwasserbecken (Natatio), an den beiden Seiten die Umkleideräume und der Ruhebereich (Apodyterium).

Vom Kaltbereich aus erreicht man drei Räume in der Mitte des Bades, die als Warmbereich fungieren (Tepidarium). Der Heißraum liegt in einem großen Salon an der Westfront des Bades, die hier eine Ausbuchtung aufweist. Nach Westen öffnen sich große Fenster und unterhalb der Wandnischen befanden sich Warmwasserbecken. Die jeweils drei Zimmer zu beiden Seiten des Tepidariums (Warmbereichs) dienten als Raum für Ballspiele, dem Boxsport, Gymnastik, Kosmetik, Körperpflege und Massage. In den Wänden befindliche zahlreiche Löcher von Mauerankern weisen darauf hin, dass Wände und Boden mit Marmor verkleidet waren. Auch diese Bad wurde über das Hypokaustensystem erwärmt, das Warmluft unter dem Boden und zwischen den Wänden entlangführt.

DER TEMPEL DES SERAPEION

Der Tempel des Serapeion liegt westlich der Agora in einem Temenos am Hang des Bülbül Berges. Der Tempeltemenos ist von zweigeschossigen Säulen umgeben und befindet sich auf den Bauruinen der späthellenisitischen Zeit; zu Beginn des 2. Jhd. wurde teilweise der Fels abgetragen und teilweise das Gelände eingeebnet, so dass der Tempel auf einer Terrasse zu liegen kam. Da bei Ausgrabungen keine Inschriften gefunden wurden, ist unbekannt, zu wessen Ehren der Tempel errichtet wurde. Das Bauwerk wurde zunächst Monumental brunnen (Nymphaion) genannt, dann Claudiustempel und im Jahr 1926 schließlich Serapieontempel. Der Bau war im 2. Jhd. n.Chr auf einem podiumahnlichen Prostylos errichtet worden, der jedoch bei einem Erdbeben im 4. Jhd niederbrannte und unter Theodosius I. in eine kleine Kirche umgewandelt wurde. Der achtsäulige Portiko ist über eine zweigeteilte Treppe zu erreichen. Die 14-15 m hohen Säulen aus einem Stück tragen korinthische Kapitelle. Die reich verzierte Stirnseite verfügt über drei Tore. Der eigentliche Tempeleingang befindet sich an der engen Nordseite, außerdem kann er über eine Prunktreppe an der Weststrasse betreten werden. Ab der Spätantike betrat man den Tempel von der Südwestecke der Agora direkt über eine andere Treppe. An der langen Mauer des Naos befinden sich sechs kleine Nischen; in der Mitte der Südmauer, an der sich auch die Kultstatue befand, waren die großen Nischen rechts und links von je zwei kleineren umgeben. An den Nischen der Innenmauer des Naos führen die Wasserkanäle vorbei. All das Wasser, das aus den senkrechten Spalten der Nischen fließt, wird über den Wasserkanal im Boden nach außen geführt. Der hohe Wasserverbrauch des Tempels läßt darauf schließen, dass dieser in einem Zusammenhang mit einer Gesundheitsgöttin stand. Außerhalb der Naoswände gab es fünf weitere Nischen. Teile von zwei Bronzestatuen, die bei Ausgrabungen an der Nordwestecke des Temenos aufgefunden wurden, sind Beweis für den reichhaltigen Schmuck des Tempels. Die Rückwand der Stoa war zumindest im Erdgeschoß mit Marmortafeln verkleidet, die Säulen an der Front harmonisch eingefügt und die Wand von Stützpfeilern unterteilt, deren Sockel reliefverziert, und deren Kapitelle im korinthischen Stil gefertigt waren.

DAS STADION

Dieses befindet sich am Nordwesthang des Panayır Berges an der Strasse, die vom Koresos Tor in Ephesus nach Selcuk führt. Der erste Bau verfügte über Sitzstufen am Südhang, eine davorliegend Laufstrecke, und im Westen über eine Aphesis (Ausgang) aus hellenistischer Zeit. Das Stadion aus hellenistischer Zeit wurde zur Zeit von Kaiser Nero (54-68 n.Chr.) von dem freigelassenen Sklaven C. Stertinius Orpex gegründet und durch die Unterstützung einer Stiftung zu einem monumentalen Bauwerk ausgebaut. Bei diesem Ausbau wurden gegenüber der Sitzreihen im Süden weitere Sitzreihen über einem großen Raum und einem Gewölbefundament hinzugefügt. Diese Sitzreihen waren über eine überdachte Treppe zu erreichen. Die hohe Nordfront, die mit Schnittsteinen erbaut wurde, hatte ein monumentales Aussehen. Die überwölbten Tore an der prunkvollen Westfront öffneten sich zu Tunnels, die unter den Sitzreihen lagen. Die Laufstrecke war 180 m lang und bestand aus gestampften Boden; sie war mit reliefverzierten Osthostat Platten verkleidet.und fasste 30.000 Zuschauer. Es ist nicht genau bekannt, wozu der elliptische Platz (Sphendone) diente, der sich bis zur Ostkurve fortsetzte. Im Stadium wurden Wagenrennen, Gladiatorenkämpfe und Leichtathletikwettbewerbe veranstaltet. Auch wenn die Schäden am Südtor und der Westseite, die bei dem Erdbeben 262 n.Chr. entstanden, repariert wurden so ist doch anzunehmen, dass bei den Erdbeben von 359 und 366 weitere große Schäden entstanden. Im 5. Jhd. wurde am Westende des nördlichen Tunnels eine Kirche hinzugefugt, von der lediglich das Atrium im Eingangsbereich ausgegraben werden konnten. Um die Kirche herum entwickelte sich ein Friedhof, der mindestens bis ins 12. Jhd. verwendet wurde.

DIE HÖHLE DES PAULUS

Um das Jahr 1900 herum fand O. Benndorf am Hang des Bülbül Berges nördlich des Serapeion Tempels auf ungefähr 100 m Höhe eine Höhle. Der ca 15 m lange Korridor der Höhle, der in einem etwas größeren Raum mündet, wurde in schlichter Weise in den Stein gehauen. Heute betritt man diesen Raum über den Korridor, der mit von anderer Stelle herbeigebrachten Materialien gepflastert ist; das Bodenniveau des Raumes wurde leicht erhöht und geglättet. Südlich des Korridors befinden sich leicht erhöht zwei Nischen unterschiedlicher Größe, die von einem Gewölbe überspannt sind. Die größere Nische rechts vom Eingang reicht bis auf den Boden, ist jedoch roh in den Stein gehauen. Die Bogen und die Wände des Korridors sind mit zahllosen Schichten Putz versehen. Unter der obersten, aus dem 20. Jhd. stammenden Schicht befinden sich antike Schichten, in die Gebete eingeritzt sind. Auf dieser Schicht befindet sich der Wunsch "Gott, hilf deinem Diener Timotheos!" und Bitten für den Heiligen Paulus. Konservierungs- und Restaurierungsarbeiten aus dem Jahr 1998 haben Fresken zu Tage gebracht, die die Geschichte des Heiligen Paulus und der Heiligen Thekla erzählen.

DIE SIEBENSCHLÄFER HÖHLE

Die heutige Strasse, die aus der Stadt nach Osten herausführt, weist zur Siebenschläferhöhle am Hang des Panayır Berges. Schriftlichen Aufzeichnungen zufolge ist dies der Ort an dem zur Zeit von Kaiser Decius (249-251) sieben junge Männer und deren Hund vor den Repressalien gegen Christen aus der Stadt flohen und sich in der Höhle versteckten. Sie erwachten erst 200 Jahre später zur Zeit des Kaisers Theodosius II, als das Christentum von Rom längst als offizielle Religion anerkannt worden war. Die gleiche Geschichte ist im Quran überliefert (18. Sure). Außerdem wird die Geschichte auf zahlreiche Höhlen in Anatolien übertragen, so dass als zweiter bedeutender Platz Arabissos in Kappadokien als heiliger Platz anerkannt ist. Als ältester Teil dieses heiligen Platzes gelten die Gräber aus dem 4. Jhd. in dem tiefen Einschnitt am Hang des Panayır Berges. Hier befindet sich ein kleiner, zweigeschossiger Grabbau sowie zehn unterirdische Grabkammern, die als Gräber der sieben jungen Männer betrachtet werden. Später wurde über dieser Stelle eine Kirche erbaut. Der Überlieferung zufolge wurde diese Kirche unter der Herrschaft von Kaiser Theodosius II. Mitte des 5. Jhd. erbaut, was auch mit den archäologischen Fundstücken (Fresken und Mosaiken) übereinstimmt.

Die Kirche war über eine, an der Nordmauer des Vordereingangs befindliche Treppe mit den unterirdischen Gräbern verbunden. Die Kirche verfügt über ein viereckiges Presbyterion mit eingebauten Sitzbänken für die Geistlichen, einem Altar und einer Apsis, das sich über dem, mit Bodenmosaiken bedeckten, überwölbten Hauptraum der Kirche emporhob.

An der Westseite der Kirche befindet sich ein Grabraum. Als hier kein Platz mehr vorhanden war, wurden mit Hilfe der gemauerten Wände und weiterer Mauersteine zusätzliche Grabstellen geschaffen. Heute sind bis zu 700 Grabstätten bekannt. Diese Höhle ist ein christlicher Pilgerort und wird seit dem Mittelalter von Muslimen ebenso wie von Christen besucht.

DAS ARTEMISION (ARTEMISTEMPEL)

DAS ARTEMISION (ARTEMISTEMPEL)

Der Artemistempel, der von den antiken Schriftstellern als eines der sieben Weltwunder gepriesen wurde, befindet sich in dem Sumpfgebiet südwestlich des Ayasulu Berges. Bei seiner Erbauung lag der Tempel am Meeresufer, heute liegt der Tempel aufgrund der Verlandung der Bucht durch den Fluß 5 km landeinwärts. Im Nordosten sind heute noch die 14 m hohen (ursprünglich 18,40 m) Säulen zu sehen, die im Jahr 1973 durch das Aufeinenderschichten verschiedener Säulentrommeln entstanden, sowie einige der archaischen Säulensockel und die heute noch stehenden Sockel der spätklassischen Periode. An der Westseite sind die Innenhofwände des archaischen Tempels zu sehen, die Stellen, an denen die Türrahmen angebracht waren, die Überreste der Marmorstylobaten, der südliche Strebepfeiler des Tempels, die West- und Nordseiten des Tempels aus arachischer und spätklassischer Zeti, sowie die Fundamente des Hekatompedos. Ebenso sind die Treppenfundamente zu erkennen, die vom westlichen Innenhof zur spätklassischen Platform führte, die Bauten südlich der Fundamente des Hekatompedos (Naiskos, Kanal, Strasse, und Bau mit Apsis) und die Altarfundamente aus archaischer und spätklassischer Zeit. Abhängig von der Höhe des in den Ausgrabungsbereich eindringenden Grundwassers, können manchmal einige der alten Bauten im Innenhof, die Reste des C Tempels und die Mauern von Naiskos und Peripteros des Kroisos Tempels erkannt werden.

Strabon zufolge wurde dieser Tempel mehrfach zerstört und wieder aufgebaut und zählte zu den sieben Weltwundern der Antike. Die älteste Bauphase des Tempels läßt sich auf das 8. Jhd.v.Chr. datieren. Dieser erste Tempel war ein Peripteros mit vier Säulen an der kurzen Seite und acht Säulen an der langen Seite. Eine viereckige, von sechs Säulen umgebene Platform in der Mitte des Peripteros diente als Sockel für die Kultstatue. Von diesem Bau wurden bei Ausgrabungen lediglich die Sockel der Holzsäulen aus grünem Schiefergestein gefunden. Es ist

anzunehmen, dass der Tempel von den Kimmerern zerstört worden war. Der als Dipteros geplante, prunkvolle Heratempel auf Samos läßt den Ephesern keine Ruhe und sie beschließen einen noch prunkvolleren Tempel zu bauen. Es ist bekannt, das Herodot den Tempel "Kroisos Tempel" nannte, da die Lydier beim Bau finanzielle Hilfe leisteten und Kroisos die Säulen spendete. 560 v. Chr wird mit dem Bau des ersten marmornen Dipteros des Tempels in Ost-Westrichtung begonnen. Die Architekten dieses archaischen Tempels sind Theodoros von Samos, Metagenes und Khersiphron. Da der Untergrund unter dem Tempel Sumpfgebiet ist, wird den Empfehlungen des bekanntesten Künstlers, Architekten und Bildhauers, des Theodoros von Samos, Folge geleistet, und unter die Fundamente (Temeun) im Sumpfland Holzkohle und Schaffelle gelegt. Bei Ausgrabungen wurden auch Kohle- und Aschereste gefunden. Auf diese Kohleteile wurden große Felsblöcke als Fundemante gesetzt. Darüber verlegte man plygonale Marmortafeln die eine Stylobatfläche bildeten; damit war die Grundfläche (55 x 115 m) des Tempels entstanden. Das Trägersyten auf den Stylobaten hatten eine Last von mehr als 100 Tonnen zu tragen. Diese bestand aus ca. 106 Säulen, deren untere Bereiche mit Reliefs verziert waren (Columnae Caelatae) sowie der Last des Daches, das aus einem verzierten Dachgiebel und marmornen Dachziegeln bestand. Das Dach deckte jedoch nicht den gesamten Tempel, sondern nur den Peristyl und war über dem Sekos genannten Innenbereich offen. Der

Naiskos, in dem sich die Kultstaue befand, war wieder überdacht. Der Bau dieses, zu den sieben Weltwundern zählenden Tempels aus dem 6. Jhd. dauerte 120 Jahre und

wurde 356 v. Chr. von einem Mann namens Herostratos in Brand gesteckt, der seinen Namen unvergesslich machen waollte. Bei Ausgrabungen fand man eine Brandschicht. Nach dem Brand wurde der Tempel erneut von den Ephesern erbaut. Die neuen Architekten waren Paionios, Demetrios und Kheirokrates. Als man im 4. Jhd. v.Chr. mit dem Ansteigen des Meereswasserspiegels befürchtete, dass Grundwasser in den Tempel eindringen könnte, wurde über dem alten Tempel eine hohe Platform errichtet. An der Westscitc dieses hohen und über Stufen zu erreichenden Baus wurde eine weitere Säulenreihe erbaut. Im hinteren Teil des Tempels wurde zudem ein Opisthodomes angebaut, der der Aufbewahrung des Statue diente, die der Göttin Artemis geweiht war. Auf diese Weise entstanden an den kurzen Seiten der Rückfront 9 Säulen in drei Reihen und an der nach Westen blickenden Hauptfront drei Reihen mit je acht Säulen. Von der Seite betrachtet sind zwei Reihen mit 21 Säulen übrig geblieben, insgesamt 117 Säulen. Abbildungen des Tempels auf Münzen lassen eine Tür im Tempeldach erkennen. Dabei handelt es sich um eine Tür, die zu Ehren der Göttin Artemis in das Dach geschnitten wurde, damit diese die zu ihren Ehren dargebrachten Opfer sehen kann. Dic Säulen waren dem antiken Schriftsteller Plinius zufolge 18,40 m hoch. Als Alexander der Große Ephesus besucht und den Tempelbau besichtig, verspricht er, bei der Beendigung der Bauarbeiten behilflich zu sein und wünscht im Gegenzug am Tempel eine Inschrift mit seinem Namen. Auf diese Weise wird Alexander der Große ebenso wie König Kroisos immer berühmter. Die Epheser lehnen jedoch sein Ansinnen stolz mit der Begründung ab, dass

"ein Gott keinem anderen einen Tempel errichten kann", doch Alexander der Große stellt finanzielle Hilfe bereit. Gegen Ende des 4. Jhd.v.Chr wird der Tempel schließlich fertig gestellt. Doch die Wirren des römischen Bürgerkrieges, wirtschaftliche Probleme und die Verfüllung der Bucht führen zu Veränderungen im Vermögen der Artemis. Die Bestimmungen zur Organisation, die der Prokonsul ins Leben rief, traten unter Kaiser Augustus in Kraft. Alle Grenzen, Fußwege und Abwasserkanäle innerhalb der Temenos Mauern,

die aus behauenen Steinblöcken bestehen, die mit Inschriften der Verordnung bedeckt sind, werden kontrolliert und repariert. Nach Strabon lag die Temenos Mauer in der Entfernung von einem Stadion vom Tempel und bezeichnete so die seit Jahrhunderten feststehende Grenze des Asylrechtes. Danach begann unter Kaiser Titus (79-81) wieder große Baumaßnahmen. Im Jahr 263 n.Chr. wurde der Tempel von den Goten geplündert; doch die eigentliche Zerstörung setzte ab dem Jahr 400 ein, als der Kult seinem Ende entgegen ging. Der Tempel und die ihn umgebenden Kollonaden fielen zusammen mit der Stirnseite in Stücke. Die aufgebrochenen Temenos Wände wurden in spätantiker Zeit für den Bau der Marienkirche und dem daneben liegenden Bischofspalast verwendet. Eine große Menge von Baumaterialien aus dem Tempel fand dann auch Verwendung in den Außenmauern der Basilika des Hlg. Johannes. Der Artemistempel von Ephesus wurde im Jahr 1869 von dem englischen Eisenbahningenieur J.T. Wood nach siebenjähriger Suche gefunden und im Namen des British Museum ausgegraben. Während seiner Arbeiten fand Wood auf den Resten des spätklassischen Tempelfundamente eine klassische Platform auf einem archaischen Plinthos und schickte diese in das British Museum nach England. Sein Nachfolger, der Engländer D.G. Hogarth setzte in den Jahren 1904/05 die Ausgrabungen im Namen des britischen Museums fort. Er untersuchte auch die noch älteren Statuen, die er im Innenhof des Tempels fand. Die 1965 vom österreichischen archäologischen Museum begonnen Ausgrabungsarbeiten werden immer noch fortgesetzt.

DAS BAD DES ISA BEY

In der Stadt Ayasuluk (Selcuk) befanden sich zur Zeit der Aydınoğulları und der frühosmanischen Zeit (1350-1450) vier Bäder. Die Tatsache, dass die Bäder so zahlreich und vor allem sorgfältig angelegt waren, weist darauf hin, dass die Stadt Ayasuluk zu einer Zeit erbaut wurde, als das Beylık besonders stark war. Alle Bäder wurden aus Steinen und Ziegeln, die Kuppeln und Gewölbe ebenfalls aus Ziegeln erbaut. Die Verzierungen in den Bädern waren vor allem an den Kuppel und deren Übergängen besonders zahlreich. Doch trotz dieser gleichen Ausführung aller vier Bäder liegen diesen unterschiedliche Pläne zugrunde. Auch die Probleme bezüglich der Umkleidebereiche der vier Bäder sind noch nicht gänzlich gelöst. Vor den Ausgrabungsarbeiten am Isa Bey Bad waren dort bereits einige der oberen Mauerbereiche von Warmbereich, Heißbereich und Heizraum, sowie die dazugehörigen Kuppeln und Gewölbe eingestürzt. Am Ende der Ausgrabungen war zwar der Boden der prunkvollen Umkleideräume freigelegt worde, dieser konnte jedoch nicht mit den Mauern und den darüberliegenden Bauelementen abgeglichen werden. Die vorhandenen Daten weisen auf ein Holzdach hin. Diesem Bad liegt ein kreuzförmiger Plan zugrunde, an dessen vier Ecken Räume angefügt sind. Die späteren Hinzufügungen lassen es zu einem Doppelbad werden. Die Stuckarbeiten an der Kupppel und der Decke im Inneren des Bades sind hervorragend ausgestaltet. Im vorderen Innenhof des Bades wurden römische Säulen verwendet.

DIE ISA BEY MOSCHEE

Blickt man von der Kirche des Hlg. Johannes auf die Eben hinunter, dann erkannt man, dass diese seit Jahrhunderten aufgefüllt wurde. Am Anfang dieser Ebene liegt die Moschee des Isa Bey aus dem Geschlecht der Aydınoğlu, der dieser 1375 hat bauen lassen. Die Moschee ist nahezu quadratisch (56,53 x 48,68 m). Die Minarette der Isa Bey Moschee sind dem Gebetsraum an dessen Ost- und Westecken angefügt. Heute steht nur noch ein Teil des aus Ziegeln erbauten, westlichen Minaretts. Für Sockel und Körper des Minaretts wurden glasierte Ziegel verwendet. Im Gegensatz zu der Schlichtheit der aus gehauenen Steinen errichteten Nord- und Ostseite der Moschee ist die Westfront mit Marmortafeln verkleidet. Das Haupttor in der Mitte der Westfront trägt alle Besonderheiten der traditionellen Architektor der anatolischen Seldschuken. Das monumetale Portal ist von einer gezähnten Einfassung umgeben und abwechselnd mit gelblichen und weißen Steinen gemauert. Auch die Verzierungen der

Fensterfronten erregen Aufmerksamkeit. Die ursprüngliche Inschrift im Maßstab 1 x 6 m, die sich eigentlich über der Tür befinden müsste, ist verschwunden. Unter dem Torbogen befindet sich die Bauinschrift, die besagt, "Die Moschee wurde von Isa Bey aus dem Geschlecht der Aydınoğulları von dem Damaszener Architekten Ali im Jahr 777 erbaut". Betritt man durch das reichhaltig verzierte Tor den Innenhof, dann erkennt man einen mehreckigen Brunnen, der auf drei Seiten von einem Säulengang umgeben ist. Säulen

und Kapitelle des Saulengangs sind aus Materialien, die von anderer Stelle herbeigebracht wurden. Es ist bekannt, dass der Säulengang von einem Holzdach überdeckt war. Drei Durchgänge mit Spitzbogen, die von zwei kleinen Säulen getragen werden, führen in den eigentlichen Gebetsraum der Moschee. Dieser ist von vier großen Granitsäulen in zwei Bereiche geteilt. Die Kanzel ist von einer Kuppel mit 9 m Durchmesser überwölbt, deren Inneres mit blauen und türkisen Fayancen ausgekleidet ist. Die Marmorkanzel ist restauriert.

DIE KIRCHE DES HEILIGEN JOHANNES

Dem Historiker Eusebios zufolge gelangt der Heilige Johannes (37-42 n.Chr.), nachdem er aus Jerusalem vertrieben worden war, gemeinsam mit Maria nach Ephesus, setzt hier nach der Ermordung von Paulus die Bibelaufzeichnungen fort und stirbt auch hier. Sein Grab befindet sich am Südhang des Ayasuluk Berges. Zunächst wird über dem schlichten Grab im 5. Jhd. eine frühchristliche Kirche mit Holzdach errichtet. Mitte des 6. Jhd. läßt Kaiser Justitian anstelle der Kirche eine kreuzförmige monumentale Kirche mit Kuppel erbauen. Mit dem Umzug der Bevölkerung von Ephesus nach Ayasuluk nimmt die Kirche des Hlg. Johannes den Platz der alten Bischofskirche ein. Im 7. Jhd. wird die Basilika am Ayasuluk Berg und die dazugehörigen Gebäude zum Schutz vor den Arabereinfällen mit einer Mauer umgeben. Die Außenseiten dieser Mauern wurden mit aus Ephesus herbeigebrachten alten Steinblöcken gemauert, die Innenseiten mit Bruchsteinen verfüllt und zur Stabilität mit Türmen versehen. Diese Türme hatten im allgemeinen einen fünfeckigen Grundriss, waren im Westen rund und verfügten im Süden über einen viereckigen Grundriss. Die Mauern hatten vier Tore und 20 Türme. Das Haupttor im Süden, ein starkes und monumentales Tor, erhielt den Namen "Verfolgungstor" Zu beiden Seiten des Tores befanden sich je ein Turm, zwischen denen ein bogenüberwölbter Eingang verlief. Über dem Bogen befand sich ein rankenverziertes Fries und darüber das Teile eines Sarkophages, auf dem Weintrauben sammelnde Erosfiguren zwischen Weinranken zu sehen waren. Daneben befand sich im 19. Jhd. ein weiteres Sarkophagteil, auf dem "der Achilles des Odysseus zwischen den Töchtern des Königs Lykomedes von der Insel Skiros" zu sehen war, und das die Engländer nach England brachten. Heute ist diese im Museum der Woburn Abbye ausgestellt. An den Umgebungsmauern der Basilika lassen sich zwei Bauphasen feststellen. Die erste davon geht auf die Zeit des Justinian zurück, als an der Kirche eine Terrasse entstand. Beim Bau der Mauern wurden normale Steine und Ziegel verwendet. Die zweite Phase fällt ins 7.-8. Jhd., als Mauern gegen die Arabereinfälle erbaut wurden. Die Mauern aus dieser Zeit wurden innen mit Mörtel und Bruchsteinen aufgefüllt. Die Basilika, die über einen kreuzförmicgen Grundriss und eine Länge von 130 m verfügt, wurde über das Tor im Narthex betreten. Vom Nartex öffneten sich fünf Tore zu den mittleren Schiffen und den Nebenschiffen. In der Mitte befand sich ein von Säulen umstandener Hof (Atrium). Die Mittel- und Seitenschiffe waren von sechs Kuppel überwölbt, die den Grabraum bezeichneten. Die mittlere Kuppel war größer und höher als die anderen. Die Säulen, die die Schiffe unterteilen sind Monolithen aus blaugeädertem Marmor. Die byzantinischen Kapitelle der Säulen im ionischen

DIE KIRCHE DES HEILIGEN JOHANNES

59

Stil sind mit den Monogrammen des Kaisers Justinian und dessen Frau Theodora versehen, was beweist, dass die Kirche mit Unterstützung des Herrschers erbaut wurde. Vor der Kanzel (bema) im Mittelschiff befindet sich ein großer Ambon. Der Grabbereich der Kirche liegt zwei Stufen höher als die restliche Kirche. Eines der Gräber gehört dem Heiligen Johannes. Unter der Bema befindet sich eine Krypta, in der sich wiederum drei Gräber befinden. Eines davon wird dem Heiligen Johannes zugeschrieben. Die Kapelle wurde gemeinsam mit der Schatzkammer geplant und erbaut und im 10.-11.Jhd in eine Kapelle umgewandelt. Die Fresken in der Apsis sind sehr gut erhalten und zeigen den heiligen Johannes rechts, Jesus in der Mitte und links einen unbekannten Heiligen. Die links von der Kapelle liegende Schatzkammer ist zentral geplant und zweigeschossig. Dem in der Mitte befindlichem, runden Platz sind nach aussen Raume angebaut, die dem Bau einen kreuzförmigen Grundriss geben. Hier wurden die geweihten Gegenstände der Kirche sowie der Kirchenschatz aufbewahrt. Das Taufgebäude, das auf das 5. Jhd. datiert wird, wurde zusammen mit der Holzdach Basilika aus der Zeit des Justitian erbaut, von der heute noch Reste zu sehen sind. Beim Bau der neuen Kirche wurde diese geschützt und behielt auch ihre Funktion bei. Der Raum im Osten mit der Apsis war der Raum, in dem nach der Taufe gebetet wurde. Über die westliche Tür dieses Raumes gelangt man in den zentralen Bereich des achteckigen Taufgebäudes. Genau in der Mitte befand sich am Boden ein rundes Taufbecken mit zwei bis drei Stufen. Das daneben liegende rechteckige Becken ist für das heilige Wasser gedacht. Der im Westen liegende Raum mit der Apsis ist symetrisch zu dem im Osten liegenden und für den gleichen Zweck gedacht.

DAS MUSEUM VON EPHESUS

Mit der Gründung der türkischen Republik gewannen Altertümer und Museen zunehmend an Bedeutung. Überall dort, wo kulturelle Relikte zahlreich waren, wurden Museen gegründetund museale Depots ins Leben gerufen. Der archäologische Reichtum von Ephesus und seiner Umgebung sowie die seit 1863 fortgesetzten Ausgrabungen machten im Jahr 1929 den Bau eines Museumsdepots notwendig. Als die ausgegrabenen Gegenstände mit der Zeit immer mehr wurden, reichte der Platz in dem alten Depot nicht mehr aus, so dass dieses 1964 in ein modernes Museum umgewandelt wurde. In den folgenden Jahren wurde das Hauptgebäude vergrößert und das Museum 1976 in den heutigen Zustand versetzt. 1994 began man, die Räume neu zu ordnen, so dass diese Tätigkeiten zusammen mit den neu ankommenden Gegenständen fortgesetzt wurden. Ein großer Teil der im Museum ausgestellten Werke stammt von den Ausgrabungen von Ephesus. Hierzu gehören Fundstücke vom Artemis Tempel, dem Grabmal des Hlg. Johannes, der Siebenschläferhöhle und anderen, vom Museum durchgeführten Ausgrabungen. Im ersten Raum sind Werke aus den Häusern der reichen Bürger von Ephesus aus der römischen Zeit zu sehen, im zweiten Raum die monumentalen Brunnen der Straßen der Stadt, die die Wasserversorgung sicherstellten sowie deren Schmuckstatuen. Über den kleinen Raum, in dem sich Münzen und Figuren aus gebranntem Ton befinden, betritt man den Innenhof. Im Garten befinden sich architektonische Werke und dahinter

das Arast und Badmuseum. Über den Innenhof gelangt man in den Raum mit den Grabmalen, dann in den Bereich, in dem die Artemisstatuen und Fundstücke aus dem Artemistempel ausgestellt sind, die für das Museum von großer Bedeutung sind. Zum Schluß erreicht man den Raum mit den Kaiserkult und den Portraits.

RAUM MIT DEN FUNDSTÜCKEN AUS DEN HANGHÄUSERN

Hier sind Möbelstücke, Statuen (Hygieia, Zeus), Fresken und kleine Fundstücke aus den Hanghäusern 1 und 2 zu sehen.Vitrine 1: Kopf des Asklepios aus gebranntem Ton, kleiner Altar in Schlangenform, kosmetische und medizinische Geräte, Totengeschenke, Gerätschaften zum Messen und Wiegen, Schmuck, Glasgefäße und Broschen.
Vitrine 2: Relief aus gebranntem Ton, kleiner Kopf und kleine Stauten aus Elfenbein, Bronzestatuen von Göttern und Göttinen, in der Mitte ein Glastablett, zwei kleine Büsten, rechts davon Spielzeug, Flöten, Scheiben, Messergriffe und Figuren aus Knochen. In einem der Hanghäuser wurde ein Teil des "Socrates Zimmers" lebensecht nachgestellt; an den Wänden befinden sich Fresken aus unterschiedlichen Zeitperioden, Stauetten der Artemis in der Nische, sowie Socrates und links die Mousa (Kilo). Links beim Ausgang befindet sich in einer kleinen Vitrine die Bronzestatue des ägyptischen Gottes Amun. Rechts nach dem Ausgang befinden sich der Reihe nach die gepanzerte Büste des Tiberius, eine Bronzeschlange, der Portraitkopf der Livia, eine Büste des Dichters

61

Mendanros, das Protrait eines Mönches und einer Nonne, eine Pygmäenstatue aus gebrannter Erde in einer Vitrine, das Marmorstandbild des Priapos, die gepanzerte Büste des Kaisers Mark Aurel sowie der Ehrensockel eines Athleten mit Siegeskranz. Die Vitrinen in der Mitte des Saales zeigen ein archaisches Marmorstandbild der Artemis, den bronzenen Kopf eines Philosophen, eine Flußgöttin, die sich auf einem von zwei Delphinen getragenen Bett ausstreckt, Boxerprotomen aus Bronze, ein klappbarer Tisch und Stuhl, ein Marmorbecken am Boden und in der letzten Vitrine ein Elfenbeinfries und Teile davon, die Kriegsszenen darstellen.

DER SAAL MIT DEN BRUNNENFUNDSTÜCKEN:

In Ephesus werden die Statuen von drei Brunnenbauten ausgestellt. In diesem Raum werden die monumentalen Brunnen der Stadt ausgestellt, die die Wasserversorgung sicherstellten sowie deren schmückende Statuen. Links nach dem Eingang befinden sich der Kopf des Zeus und der Torso der Afrodite. In der Mitte ist die Statue des lauschenden Kriegers von dem Pollio Brunnen zu sehen, der der wichtigste Brunnen von Ephesus war. Rechte Seite: Drei Tritonen und die Statue eines Satyrs vom Brunnen des C. Laekanius Bassus, zwei Statuen der Nemesis, eine Statue der Aphrodite, ein Torso und zwei Frauenstatuen sowie der Ehrensockel des Besitzers. In der Mitte sind drei marmorne Spielsteine zu sehen.

Von dem Ehrensockel zum Ausgang hin sind der Kopf eines Kommandanten, eine Hermesbüste, Lysimmakhos, zwei Männerköpfe, der Artemiskopf, zwei Frauenportraits und Säulenkapitelle zu sehen.

Die Abteilung auf der linken Seite: Hier befindet sich die mytologische Polyphemos Gruppe, die die Nische des Pollio Brunnens schmückte. Auf dem Stein in der Mitte sitzt der Polyphemos, dem Odysseus Wein anbietet um ihn betrunken zu machen. Rechts ist ein Freund zu sehen der einen Pfahl anspitzt um Polyphemos die Augen auszustechen, links davon zwei Freunde, die Odysseus Wein in einem Schlauch anbieten. Vor Polyphemos liegen zwei Griechen, die wegen Essen getötet wurden sind. Die Polyphemos Gruppe

wurde zum zweiten Mal für einen Brunnen benutzt. Anschließend an diese Gruppe sind zwei Säulen in Form von Weinranken zu sehen, auf denen sich menschliche Figuren befinden. Diese stammt von dem Tajansbrunnen am Rande der Kuretenstrasse und zeign den nackten Dionysos, den liegenden Satyr, einen bekleideten Mann mit einem Stock in der Hand, die Statue einer bekleideten Frau, den bekleideten Dionysos, Androklos und am Rande einen Hund und die Statue der Aphrodite.

Erosfresko, ein Eros mit Maske, Oinochoe, und eine Eros mit Hase zu sehen. Die Vitrine an der Wand zeigt Erosfigurinen und Kerzenleuchter. In den kleinen Vitrinen befinden sich ein Eros mit Delphin und ein Sarkophagteil mit einem Delfin. In der Nische sind Reliefs mit einem Eros und Erosfiguren aus gebranntem Ton zu sehen. In diesem Bereich sind vor allem Erosfiguren ausgestellt. Die große Vitrine zeigt Münzen aus der Frühzeit von Epesus, Ausgrabungsfunde sowie eine Elfenbeinplatte mit Erosfigruen und einen Bronzedelfin mit Eros. Am Ende befindet sich die Vitrine mit den marmornen Erosköpen und den Fügeln.

SAAL DER DER KLEINEN FUNDSTÜCKE UND DER EROSSTATUEN

Am Eingang des Saals sind in der Vitrine Erosstatuen, ein Erosfries,

SAAL MIT GRABFUNDEN LINKS VOM EINGANG

1. Vitrine: Wichtige Fundstücke bezüglich der Geschichte von Ephesus. Hierbei handelt es sich um Behältnisse aus gebranntem Ton aus mykänischer Zeit (1400-1375 v.Chr). Dazu kommt eine Vase mit zwei Henkeln und einem Tintenfisch von der Ausgrabung nahe des Verfolgungstores der Kirche des Hlg. Johannes, Rhton, Amphorisken und zahlreiche andere Fundstücke.

2. Vitrine: Waffen und andere Funde aus einem Grab aus der frühen Bronzezeit bei Didyma.

3. Vitrine: Figurinen aus gebranntem Ton aus der antiken Stadt Metropolis, Harpokrates, der sich mit dem Finger den Mund zuhält von einem spätarchaischen Grabmal der Staatsagora von Ephesus, ein Widder, zahlreiche Askos, Lekythos, Kantharos, Unguanterium, Leuchter, Behältnisse und ähnliches.
Rechts vom Eingang: Eine Grabstele aus der Kirche der Mutter Maria, die einen Leichenschmaus zeigt, das sehr detailgetreu ausgearbeitete Relief eines Festgelages aus dem Hanghaus Nr. 2, an der Rückmauer vier Osthotheken, davon zwei mit Türen und ein Block mit Inschrift, gefunden in der Umgebung von Ephesus; Am Ausgang eine Grabstele, die eine Abschiedszene zeigt, daneben eine Grabstele mit der Figur Olympias sowie eine weitere Grabstele.
Vitrine mit den Fundstücken aus Glas Neben zahlreichen Armreifen, Unguanterium und Flaschen, ein Amphoriskos, der in eine Sandform gegossen ist und der in einem Grab unter der Staatsagora gefunden wurde, sowie ein Alabastron.
Links vom Ausgang befinden sich Reliefs der Kybele, die im allgemeinen mit Löwen abgebildet ist.
Hier sind auch Reliefs von Opfern für die Muttergöttin Kybele und andere Statuetten zu sehen, die an anderer Stelle gefunden wurden.
Eine andere Kybelestatue ist auf der einen Seite mit einem jungen Man (Hermes?), auf der anderen Seite mit einem alten Mann (Zeus?) abgebildet.

DER GROSSE INNENHOF

Im Innenhof des Museums, das auch über ein Wasserbecken verfügt, befinden sich Grabsteine, Reliefs, Säulenkapitelle, und Marmorteile. In der Mitte des Hofs stehen zwei Sonnenuhren, an der rechten Seitenmauer eine Osthothek, Sarkophage und Grabstelen. Gegenüber des Eingangs sind am Rande des Wasserbeckens die Statuen von zwei Delfinen und ein Erosstandbild zu sehen, die dahinter liegende Polyphemeus Gruppe wird gerade restauriert. Zudem sind zahlreiche Kapitelle von der archaischen Zeit über die byzantinische bis zur Seldschuckenzeit ausgestellt. Eine Brücke überspannt ein aus einem Haus ausgegrabenes Mosaik und über die man ebenfalls in die ethnographische Abteilung gelangt. Rechts vom Eingang zum Innenhof befindet sich die Opferung des Sohnes von Abraham im Geländer eines Ambon sowie zwei Blocks des Mäanderfrieses des Artemisaltars. Rechts von der Sonnenuhr in der Mitte ist eine Säule des Belevi Monumentalgrabes zu sehen, links davon ein Teil des Dachschmuckes und ein reich verzierter Sakophag.

SAAL DER ARTEMISIA EPHESIA

Hier sind neben den Figuren der Artemis Ephesia auch Funde aus dem Artemision sowie allgemein zum Artemiskult ausgestellt.

DIE ARTEMISSTATUEN

Das elegante und kollosale Marmorstandbild der Artemis von Ephesus, das in der großen Nische zur Linken ausgestellt ist, wird auf das 1.Jhd.n.Chr. datiert. Der Kopf der Artemis ist mit einer zylinderförmigen, reifenartigen, dreifachen Krone geschmückt und mit Tuch, Grifon und Sphinx versehen. Diese Krone ist auch im Artemistempel zu sehen. Um den Hals trägt sie eine Kette. Die Fruchtbarkeits- und Lebenssymbole in Form von Eiern bedecken die gesamte Brust. Der Bereich des Rockes ist unterteilt; hier sind Reliefs von wilden Tieren zu sehen, die wiederum die Kraft der Göttin unterstreichen. Auch wurde das Bienenmotiv verwendet, das die Stadt Ephesus symbolisiert. Unter dem Rock blicken nur die Zehenspitzen hervor. Gegenüber befindet sich das elegante und prunkvolle Standbild der Epheser Artemis, das 1956 im Prytaneion bei Ausgrabungen im Rathaus der Stadt Ephesus gefunden wurde. Diese Statue ist das wertvollste und schönste Ausstellungsstück des Museums und wird auf die Zeit 125-175 n.Chr. datiert. Im Unterschied zu den anderen Artemisstaten hat diese nur eine Halskette um die Brust mit den Symbolen von Sternen und Sternzeichen. Unter der Bekleidung sind wieder die Zehenspitzen zu sehen. Rechts und links von ihr befinden sich Hirsche. Diese Statue ist die Kopie der Holzstatue aus dem Tempel. Des weiteren befindet sich hier eine nicht ganz menschengroße Artemisstatue ohne Kopf. Ein zum Altar gehörender Friesblock mit Palmetten, ein Teil einer bleiernen Wasserrohres, ein Artae mit einem Mosesrelief, Körper und Kopf eines Pferdes, das zu einer Dekoration für ein Dach gehörte, sowie ein Marmorkopf, der von einer reliefverzierten Säule abgebrochen ist. Links vom Ausgang befindet sich ein Löwenkopf der Sima gehört und ein Teil eines Kranzgesimes. Rechts vom Eingang sind Teile eines Opfersteins zu sehen, ein Orthostat

mit doppeltem Relief, ein Block mit Mändermotiv sowie das Relief eines Amazone (das Orginal befindet sich im Ephesus Museum in Wien). Hier befinden sich auch kleine Frauenstauen aus Gold, Elfenbein, Knochen, Bernstein, Bronze und gebranntem Ton, Gürtelschließen, Köpfe von Löwen und Stieren, Pfauen, Grifon Protomen und Tierfiguren, Halsketten, Askos, Aryballos und Kerzenleuchter.

DER SAAL DES HERRSCHERKULTES

Dies ist der letzte Saal des Museums. Links vom Eingang befindet sich das aus vier Blöcken bestehende Fries, das aus dem Portiko des Hadrianstempels stammt. Die Reliefs zeigen die Geschichte von Androklos und der Gründung von Ephesus. Der 1. Block zeigt, wie Androkolos auf dem Pferd das Wildschwein erlegt. Der 2. Block zeigt die Griechen bei einer Opferszene vor dem Altar und die Flucht der Amazonen, der 3. Block zeigt den Festzug des Dionysos, der 4. Block Szenen der Götterversammlung. Auf die Friese folgen die Portraitköpfe aus Marmor von zwei Männern, Augustus mit einem Eichenkranz auf dem Kopf und die Büste seiner Frau Livia, den Kopf des Trajan, Commodus, einen Mönch des Herrscherkultes, Kaiser Balbius und die Büste der Julia Paula. Auch der Altar, der im Tempel des Domitian gefunden wurde und auf dem Opferszenen, unterschiedliche Waffen und Krieger dargestellt sind, ist hier ausgestellt. Neben den Partherreliefs, die bei späteren Ausgrabungen gefunden wurden, ist ein weiterer Block zu sehen (die meisten befinden sich im Museum in Wien) Rechts vom Eingang befindet sich die Statue des Prokonsuls Stephanos, Teile des riesigen Akrolyth Titusstandbildes (Kopf und linker Arm), sowie große Statuen des Kaisers Augustus und seiner Frau Livia.

DAS HAUS DER MUTTER MARIA

Als der römische Kaiser Caligula (37-41 n.Chr) während seines Aufenthaltes in Jerusalem eine Synagoge besuchte und befahl, dort seine Statue aufzustellen, verstärkte sich der von konservativen Römern und Juden ausgeübte Druck auf die Christen. Auch die Jünger konnten nicht mehr in Jerusalem bleiben, so dass sie beschlossen sich auf verschiedenen Länder zu verteilen um zum einen ihr Leben zu retten, und zum anderen die Bibel zu verbreiten. Dabei entfiel die römische Provinz Kleinasien auf den Heiligen Johannes. Der Apostel Johannes erreichte so zusammen mit der Mutter Maria, die ihm Jesus anvertraut hatte, Kleinasien in der Gegend von Ephesus (37-42 n.Chr.). Doch ebenso wie in Jerusalem lebten sie auch in Ephesus nicht ungestört, und blieben eine zeitlang in der Marienkirche. Diese Geschichte wurde beim Konzilium von Ephesus im Jahr 431 bestätigt. In Ephesus hing man damals immernoch dem im römischen Reich vorherrschenden Glauben an unterschiedliche Götter an. Aus diesem Grund bauten sie etwa 7 km südlich von Ephesus am Hang des Aladağs - Solmisos in 420 m Höhe ein Haus. Es ist allgemein anerkannt, dass die Mutte Maria ihr Leben in diesem Haus fortsetzte, im Jahr 45 n.Chr. im Alter von ca. 60 Jahren verstarb und vom Apostel Johannes heimlich beigesetzt wurde. Mit der Zeit verfiel das Haus das zerstört und vergessen wurde. Aufgrund der Tatsache, dass die Epheser jahrhundertelang dem Kult der Artemis Diana anhingen, dachte der Apostel Johannes darüber nach, die Mutter Maria als eine neue Göttin aufleben zu lassen. Er verheimlichte dies und gab dem Gedanken den Namen "Gesetz der Heimlichkeit". Es wird vermutet, dass der Apostel Paulus zu einer solchen Maßnahme Zuflucht suchte, da in den Jahren des Todes der Mutter Maria die Römer in grausamster Weise gegen Christen vorgingen. Gregoire de Tours (538-594) stellt in seinem Werk eine Verbindung zwischen Geschichte und Überlieferung her, als er achtungsvoll von einer Kirche an einem Berg nahe bei Ephesus schreibt. Die deutsche Nonne Katrin Emmerik (1774-1824), die zeitlebens gelähmt war, nahm in Trance eine geistige Verbindung mit der Mutter Maria auf und sammelte ihre Kenntnisse in dem Buch "Das Leben der Heiligen Maria". Im Jahr 1881 reiste ein Mönch namens Gouyet aus dem Bischofstum Paris nach Ephesus, um zu sehen, ob das in dem genannten Buch beschriebene Haus mit dem Haus in Ephesus übereinstimmt. Der Erzbischof von Izmir, Monsigneur Timoni ermutigte ihn und und unterstützte seine Untersuchungen. Als Ergebnis der Untersuchungen behauptete

er, das Haus der Heiligen Maria gefunden zu haben, d.h. eine kleine Kirche aus byzantinischer Zeit (13. Jhd.), das auf einem alten Gebäude erbaut worden war. Er schrieb einen Bericht an Monsigneur Timoni und das Bischofstum in Paris und sogar nach Rom, doch hatte er keinen Erfolg.Zehn Jahre später lesen der Lazarusmönch des französischen Krankenhauses von Izmir, M. Jung, sowie der Direktor des französischen Gymnasiums in Izmir und der Kenner hebräischer Sprache und Tradition, der Lazarusmönch Eugen Poulin, ebenfalls das Buch der Katrin Emmerik und beschließen Ephesus aufzusuchen. Für diese Untersuchung werden zwei Mönche und zwei Katoliken beauftragt, die am 27. Juli 1891 aufbrechen. Am 29. Juli erreichen sie ermüdet eine mit Tabak bepflanzte kleine Ebene. Von einer dort arbeitenden Frau erbitten sie Wasser, doch die antwortet: "Wir haben kein Wasser mehr, doch geht zum Kloster, dort gibt es Wasser." Und zeigt auf eine eingefallene Ruine. Nachdem sie getrunken haben blicken sich die vier verwundert um. Ein zerfallenes Haus, ein Berg hinter dem Haus und gegenüber das Meer: Alle Details der Katrin Emmerik stimmen überein. Nocheinmal lesen sie die Zeilen im Buch "Das Leben der Mutter Maria". Hier steht geschrieben, dass von dem Hang, an dem das Haus liegt, Ephesus und das Meer gesehen werden können. Zwei Tage lang untersuchen sie alle Hügel, doch von keinem Hügel aus ist gleichzeitig Ephesus und das Meer zu sehen. Auf diese Weise wurde das Haus der Mutter Maria gefunden.

Am 1. Dezember 1892 besucht eine aus sieben Mönchen und fünf Nichtgeistlichen bestehende Abordnung unter dem Vorsitz von Monsigneur Timoni wiederum das Haus der Mutter Maria. Diese bemerkt, dass eine klare Übereinstimmung des Ortes mit dem Bericht der Katrin Emmerik festzustellen ist, fertigt an Ort und Stelle in Protokoll an und läßt alle Mitglieder der Abordnung unterschreiben.Die Nonne Marie des Mandat Grancey kauft den Ort und läßt mit eigenen Mitteln das Haus und die Umgebung herrichten. Bis zum Jahr 1894 werden unterschiedliche Arbeiten erledigt, wie z.B. ein Wasserkanal und bessere Wege gebaut, unterhalb der Kirche kleine Terrassen und ein Gemüsegarten angelegt. Darauf folgt eine Unterkunft für Besucher und ein Wohnhaus für die Mönche. Das größte Problem stellt jedoch die kleine Kirche dar. Zum Schutz des vorhanden Gebäudes wird über dieser ein Glasdach erstellt. Als T.R.R. Eschbach, Vorsitzender einer Abordnung des Papstes Leo XIII. İm Jahr 1895 und gleichzeitig Direktor des päpstlichen Seminars Frankreichs in Palästina von der Entdeckung des Hauses der Mutter Maria hört, erbittet er von Mr. Poulin einen Begleiter um das Haus zu besuchen. Als Begleiter wird Mr. Jung abgestellt. Nach Rom zurückgekehrt informiert T.R.R. Eschbach Papst Leo XIII. und zeigt ihm die Bilder des Hauses. Nachdem der Papst diese untersucht hat, werden sie aufbewahrt. Unter der

Verantwortung des Erzbischofes Monsigneur Timoni wird eine Broschüre mit dem Titel "Panaya Kapulu" veröffentlicht. Im Jahr 1931 versuchen der bulgarische Erzbischof Monsigneur Rocalli, der später als Papst den Namen Johannes XXIII annahm, sowie der Erzbischof von Izmir, Monsigneur Tonna, die Kirche zu besuchen, in der das Konzil von Ephesus vor 1500 Jahren abgehalten worden war; erreichen jedoch aufgrund der unwegsamen Strasse ihr Ziel nicht. Der Architekt Raymond Pere, der in der San Polkarp Kirche in Izmir die heute noch vorhandene Fresken gemalt hatte, baut in der kleinen Kirche eine kleine Marmorkanzel. In dieser Zeit werden Olivenbäume rechts und links des Weges gepflanzt, der zur Marienkirche und ihrer Statue führt. In den 50er Jahren läßt die türkische Republik anstelle des Fußweges eine Autostrasse anlegen. Heute ist die obere Grenze dieser ursprünglichen Ruine mit einem roten Streifen gekennzeichnet. Der Bau wird über eine Tür betreten, zu deren beiden Seiten sich eine Nische befindet. Der bogenüberwölbte Eingangsbereich öffnet sich zu einer gegenüberliegenden Apsis. Im Süden befindet sich ein Schlafzimmer. Die ältesten Überreste des Hauses liegen 100 m von diesem entfernt und gehören zu einer Mauer und einer Zisterne. Bei Ausgrabungen, die 1966 von Prof. Prandi durchgeführt wurden, fand man zwei Sarkophage aus Keramik und in diesen zwei Skelette, deren Köpfe in Richtung des Hauses der Mutter Maria blickten. Zwei ebenfalls bei den Ausgrabungen gefundenen Münzen stammen aus der Zeit

von Kaiser Konstantin und Justinian. Dies weist darauf hin, dass das Bauwerk zu Zeiten von Justinian benutzt wurde. Die Untersuchungen wurden begonnen, jedoch nicht fortgesetzt, obwohl es in der Umgebung vieles zu erforschen gibt. Es ist zu hoffen, dass das gesamte Gebiet von neuem Gegenstand archäologischer

Untersuchungen wird. Dem lazaristischen Glauben in Izmir zufolge wurde die Kirche als Kloster mit drei Türen (Manasir – i üç Kapu) bezeichnet und an der Stelle erbaut, an der die Mutter Maria ihre letzten Lebensjahre verbracht hatte. Diese lokale Überlieferung, die seit dem 19.Jhd. zu hören ist, entbehrt bisher jedoch der archäologischen Grundlage. Der Grundbesitz, der schließlich in die Hände von Mr. Euzet gelangte, wurde von diesem im Jahr 1951 der Zeitschrift "Panaya Kapulu" geschenkt. Den Namen dieser Vereinigung, die auch von der türkischen Republik anerkannt wurde, änderte man später in "Vereinigung des Hauses der Heiligen Mutter Maria". Die Vereinigung erhielt dann das Recht verschiedenen Fonds zu sammeln, um die christliche Pilgerstätte zu restaurieren und einen besseren Service zu gewährleisten. Fünf Jahre nach der Entdeckung des Hauses der Mutter Maria wurde dem Ort der erste religiöse Besuch abgestattet. Nach Angaben von Mr. Euzet fuhren mit zwei Zügen 1300-1400 Pilger von Izmir nach Ephesus mit der Bahn. Aus dem Ausland kamen 1906 unter der Leitung von Professor Miner und dem Mönch Kayser die ersten Pilger. Zwischen den Jahren 1914 und 1927 wurden keinerlei religiöse Veranstaltungen abgehalten. Die Lazarusmönche, die vor dem ersten Weltkrieg ihre

Sitten und Gebräuche fortsetzen wollten, besuchten 1932 mit den Mönchen des französischen Krankenhauses und den Schülern das Haus der Mutter Maria. Dies setzte sich vier Jahre lang bis 1937 fort. In diesem Jahr erfolgte bis zum Jahr 1949 der letzte Besuch. 1949 besuchte eine Gruppe unter der Leitung von Erzbischof Descuffi Istanbul und hielt in der kleinen dachlosen Kirche einen Gottesdienst ab. Um die Himmelfahrt der Mutter Maria im Jahr 1950 zu begehen, unternahm der Baseler Mönch Monsigneur Gschwind, der während des zweiten Weltkrieges die Altertümer Kleinasiens in Istanbul verzeichnete, eine Pilgerfahrt nach Ephesus. Bei seiner Reise in der Türkei besuchte Papst Paul VI am 26. Juli 1967 das Haus der Mutter Maria, betete lange Zeit vor der dortigen Kanzel und entzündete die Kerzen eines mitgebrachten Leuchters. Der nächste Papst, Johannes Paul II, reiste am 30 November 1979 in die Türkei. Bei seinem Besuch im Haus der Mutter Maria veranstaltete er mit den dort versammelten Pilgern und Touristen eine Messe. Zuletzt war es Papst Benedict XVI. der am 29. November 2006 das Haus der Mutter Maria besuchte. Die Statue der Mutter Maria wurde vor ungefähr 100 Jahren in der Kirchenapsis aufgestellt. Neben der Apsis befinden sich Küche und Schlafraum.

Das Haus der Mutter Maria wird nicht nur von Christen, sondern auch von Muslimen besucht, die sich Heilung versprechen. Man glaubt, dass das Quellwasser gesund ist und Krankheiten heilt. Jedes Erinnerung an die Mutter Maria statt. Jahr zum 15. August finden Messen zur

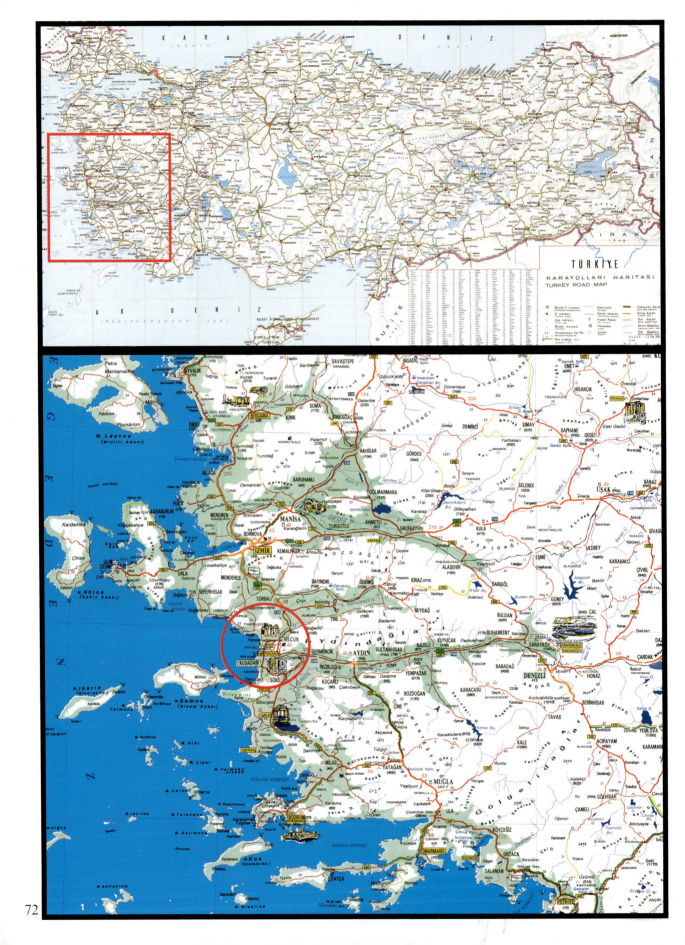